坐在飞机上，

看到云层下的台湾，

非常兴奋

工资又快用完了……

墙后面的人

小柚，游学去

小柚／著

中国青年出版社

从来没有想过有一天会在台湾打工游学，

只是当这个机会出现在我面前时，

我毫不犹豫地选择了抓住。

前言

对于我来说，这是我真正意义上的第一本书。

书中记录了一段对我来说有着特殊意义的时光。

那个时候的我，仿佛变成了另一个人一般，

做了现在的我看来不可思议，和绝对做不到的事。

可能人的潜力真的是无穷的吧……

在那样没有后路的情况下，只能厚着脸皮勇敢往前冲。

每天的生活，很新奇，也很辛苦。

偷偷在中餐厅打工，却因此被担心被人发现的压力压得喘不过气来。

在紧张不安和焦虑中，度过了在台湾的每一天。

现在回忆起来，真的很佩服和感谢当时的自己。

那样一段微涩的时光，我想永远都不会再有了。

小柚

目录

在台湾，我常常被人
以为是马来西亚人。

1 又熟悉，又陌生

台风天

1

车子经过台中的时候天色渐黑，一直阴沉沉的天空开始淅淅沥沥地下起雨来。坐在前排的学姐解释，当天正巧有台风经过，整个台湾中南部都在下雨。

车里坐着 20 多位大陆学生，以及几位来接机的老师和学姐。气氛已经不像刚从桃园机场出来时那么热闹，大家把能想到的话题都聊了一遍之后，各自把头扭向窗外。我坐在右侧靠窗的座位上，看着车窗外起伏的青山和山上高高的槟榔树。雨斜斜地划在车窗上，路灯昏黄的光在雨水中晕染开来。

目的地不知何时将到达，而情绪已经毫无预料地低落下来。明明应该是欢欣愉快的旅程，吃着新奇的食物，和新认识的朋友嬉笑着说话，然后像其他人一样故意笑得很大声——但此刻的我却找不到任何可以说话的人。不安和惆怅悄无声息地淹没了最初的兴奋和欢喜。

掏出手机，解锁。桌面依然是我喜欢的插画家高木直子说“加油！”的壁纸，但信号一栏却是空空的。不过是两个多小时的飞行，现在却如同进入了另一个世界里。

2

“大家看外面，我们已经到埔里了喔！”一位学姐突然回过头来说，沉寂了许久的车内再次热闹起来，大家兴奋地趴在窗户上向外张望。

天已经全黑，窗外的一切看不分明，睁大双眼看了半天，只有一个修理摩托车的小店和一座卖槟榔的小亭子一闪而过。亭子的四周装点着闪烁的彩灯。

趁着到达学校前的时间，宜箴老师讲了一下购买住宿用品的问题。然后，拿着名单把每个人的学号念了一遍。

“99103402”。我把我的学号存入手机里。这串不知道怎么排列出来的数字，但愿能为我带来好运气。

车在夜幕中又行驶了一会儿之后，终于慢慢停在了宿舍区外面。我在背包里摸索了一下，才想起雨伞被压在了旅行箱的最底下。没有时间再取出来，只好抓着箱子手忙脚乱地走下车门，进入哗哗的大雨中……

第一个夜晚

1

雨夜的校园里非常安静，可以闻到花草馥郁的香气。走去宿舍的路上，不时有一两位学生打伞经过，一边好奇地看着我们。

把行李整理完后，坐在空荡荡的床板上。眼前的宿舍看起来和大陆的宿舍并没什么太大区别，上下铺的床，书桌，风扇，百叶窗。只是每张书桌都配了一盏台灯。听说晚上11点之后就只能使用台灯，以免干扰他人休息。而在洗手间和浴室里，发现了供坐轮椅的学生使用的特别设施。

暨大的宿舍实际上不够用。有限的宿舍只能优先提供给大一新生和侨生，以及我们这些新来的陆生。当台湾学生升入二年级时就需要抽签，没有抽中就只能自己在校外租房子。租房又贵又不方便。学校曾经想要加建宿舍，但据说遭到小镇居民的反对。新建了宿舍楼，居民们就无法获得房租收入，所以现在大部分学生还是只能住在校外。

休息了一会儿之后，学姐打来电话，通知我们下楼去办理入住手续。为我们办手续的是学校行政办公室的几位“工读生”（即边打工边念书的学生）。两位学姐从马来西亚来，普通话说得跟台湾人差不多；那位满脸痘痘的学长则来自澳门，说话带有很浓重的广东腔。而办手续的过程很简单，入台证被收走，然后又填了几张登记表，交了住宿费和保证金就可以了。

该处理的都处理完之后，学姐才略带歉意地说，由于订购的寝具缺货，还没有全部运送过来，所以部分学生今天晚上就只能睡在没有床垫、没有被子的床板上。

九月的台湾还有点热，没有被子也没有关系，只是心里一直以为台湾人在各方面都会做得十全十美，看来那也是太高的期望。

2

晚上躺在床板上，听着窗外淅淅沥沥的雨声混合着电风扇“嗡嗡”的鸣叫声。掉落在地板上的塑料袋偶尔随着风翻动一下，发出细微的声响。

好安静的夜晚。于是自然的，许多事情又浮现心头。从最初申请入台到现在，时间已经过去将近5个月时间，可是突然间站在台湾的土地上，心里却似乎还是一副没准备好的状态。

在台湾的生活，会很快乐，还是很辛苦?

……好像都有可能。

“虽然完全不知道未来会怎么样，可还是想要，在这里努力一下。”

台湾第一“高”校

1

早晨起来，天已经大亮。透过百叶窗，看到远处连绵起伏的中央山脉。暗绿色的山间，有丝带状的雾气还未散去。空气非常湿润。

台湾的大学非常多，大体可分为“国立”、“市立”、私立几种。学生们大多认为“国立”大学更好，不仅排名靠前，学费也比私立大学便宜。稳坐台湾高校排名前4名的“台（台湾大学）、成（成功大学）、清（清华大学）、交（交通大学）”都属于国立大学。而国立大学里的4个“中字辈”大学（中央大学、中山大学、中正大学、中兴大学）也是很多台湾学生心目中的理想大学。同时，台湾还有为数众多的私立大学。私立大学虽然在综合排名上不如国立大学靠前，但在特定的领域上却常常表现得更加亮眼，比如世新大学的新闻传媒、实践大学的服装设计、淡江大学的日语，反而比许多国立大学更加优秀。

此外，台湾的一些大学，校名与大陆的大学校名相同，历史上也颇有渊源，比如新竹的“国立清华大学”与北京的清华大学、新竹的“国立交通大学”与大陆的四所交通大学（北京、上海、西安、西南）、高雄的“国立中山大学”与广州的中山大学等。而“国立暨南国际大学”，在广州也可以找到一个大陆版本。

2

暨大建在埔里郊外一座缓缓向阳的山坡上，以 665 米的海拔成为台湾第一“高”校，同时也是一座位于台湾地理中心的大学。

暨大给人的感觉很清新，校园里到处是小树林和青草地（蚊子也很多），自然景色在台湾的高校中数一数二。至于建筑，则是台北 101 大楼的设计师李祖原的作品，现代中又融合了传统闽南民居的古朴美感。

暨大没有花几千万建成的宏伟校门，没有超豪华的办公大楼，却有很多让人意想不到的小心思。凡是有台阶的地方，

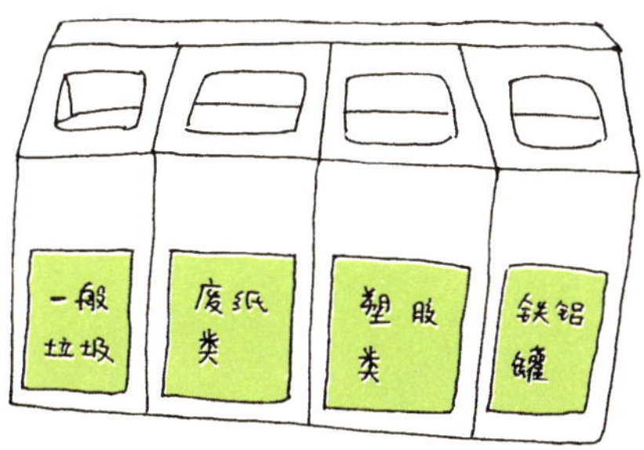

旁边一定会有方便轮椅人士出入的无障碍斜坡，如果要上楼则有垂直电梯；无论是图书馆、教学楼、体育馆还是宿舍，都有免费提供的饮用水。除了热水和温水，还有冰水可选择。而垃圾分类也非常细致，不是简单地分成“可回收”和“不可回收”两种，而是分成“一般垃圾”、“纸类”、“塑胶类”、“铁铝罐和玻璃类”四种。一个盛奶茶的杯子，要先把塑料盖和吸管取下来，放入“塑胶类”，剩下的纸杯再放入“纸类”，以提高垃圾回收的效率。

可能我们大陆喜欢追求“大而霸”，追求外观上的气势，而台湾偏好“小而美”，兼顾实用原则，虽然外观朴实，可是细节处却用心、人性化。我想，从大学这一点，便能一窥两岸社会的小小差别。

夜市初体验

1

台湾的电影、电视剧看太多，有些原本没什么感觉的东西也会莫名产生兴趣起来，比如机车（摩托车），比如便当（盒饭），比如夜市。抵达台湾的第二天晚上，刚好有周末才有的“埔里观光夜市”。两位奉命带我们下山采购生活用品的马来西亚学姐，决定带我们先去逛逛夜市。

2

台湾的学生大多都有自己的机车，每天骑着机车上下山，风风火火。而少数没有机车的学生，以及我们这些新来的陆生，就只能搭乘校车了。

坐校车下山后，在镇上的“全联福利社”下车，然后大家沿着信义路往前走。一路上黑灯瞎火，也没什么开着门的商店，看起来毫无生气。然而一到夜市，仿佛从农村进了城一般。放眼望去，到处都是冒着热气的小吃摊和穿梭其中的人们，十分热闹。来不及脱下制服的学生、卿卿我我的情侣、上了年纪的阿公、玩投篮机的小朋友，甚至还有抱着小孩的年轻爸爸。一个夜市，看起来就是一个台湾小社会。

夜市的入口，一个卖“粉圆”的小摊似乎很受欢迎，十几个人在排着队。小摊前摆放着一块牌子，写着“买大杯送中杯 大杯35 中杯20”，一个女生在小摊后面熟练地操作着机器。“粉圆”是什么？我也加入排队的队伍。

排到我，小摊后面的女生语速很快地问：“请问大杯还是中杯？”我说大杯，女生于是取出一个超级大的塑料杯，用勺子把一些类似珍珠奶茶中的“黑珍珠”扒到杯子里，然后加一些清亮的糖水，再用封口机密封，摇一摇。又拿出另一个稍微小一点的杯子，同样的操作做了一份。然后把两杯粉圆装进袋子里，再附上两根吸管递给我。我拿50块钱给她，

其实并没有特别惊喜的感觉……

她双手接过去，然后在小盒子里迅速找出15块钱，双手递给我，同时说了一句“谢谢”。

真正吃到嘴里，才发现“粉圆”不仅看起来像珍珠奶茶里的“黑珍珠”，吃起来也完全一样。后来才知道，原来珍珠奶茶的发明者当初就是把粉圆和奶茶结合起来，才有了风靡全台湾的珍珠奶茶。

端着粉圆往里走，发现了一个卖臭豆腐的小摊。心里认定“臭豆腐是我们长沙的小吃”，所以每次在别的地方看到臭豆腐，都会忍不住想要买来吃吃看。只是离开了长沙之后，再没有吃到过真正臭的臭豆腐，而我眼前的这个小摊也如此。吃起来味道很不错，只是完～全～不～臭，反而香气四溢。

夜市里的美食很多，像大肠包小肠、盐酥鸡、蚵仔煎、担仔面、卤肉饭、仙草冻、柠檬爱玉都是地道的台湾味。大肠包小肠是一种很有创意的台式烤肠，“大肠”指的是个头较大的米肠，“小肠”则是香肠。在烤好的米肠上划一刀，然后把香肠半塞进去，再抹上辣椒酱，就成了一份台湾风味的“大肠包小肠”。蚵仔煎则是一种鸡蛋饼。“蚵仔”指的是牡蛎。将牡蛎混合在打散的鸡蛋和番薯粉里，放在铁板上煎成饼。从前的台湾人生活困苦，粮食不够，但海边盛产蚵仔，于是人们将蚵仔煎作为一种替代食物。这种贫穷中创造出来的美食，现在成为了台湾的代表小吃之一。

仙草冻和柠檬爱玉则比较像果冻。但果冻使用的是各种食用胶,仙草冻和爱玉冻的原料则是仙草和爱玉这两种草本植物。仙草冻一般是黑色，加入炼乳食用。爱玉冻则是清亮透明的橘黄色，加的是柠檬汁。仙草冻在大陆也越来越多见了，但爱玉冻似乎还不太能吃到。

在夜市里闲逛了1个多小时后，被学姐们急匆匆地抓回来，说要抓紧时间去“全联福利社”采购生活用品。“全联福利社”听起来像是慈善机构，但其实是连锁大卖场的名字。在福利社里又发生不少有趣的事：洗发水在台湾原来叫作“洗发精”。在大陆叫“飘柔”的洗发精在台湾叫“飞柔”，“海飞丝”则叫“海伦仙度丝”。而我们要找的花露水找了很久也没找到。学姐问我们在找什么，我们说“花露水”，学姐反而一头雾水地问我们：“花露水是什么？”我们向她解释说是一种可以防蚊止痒的东西，她恍然大悟地说：“那叫‘防蚊液（yì）’啦。”

“防蚊液（yè）？”

“你们念防蚊液（yè）吗？！”学姐表情奇怪地看着我们。

原来，“液（yè）”在台湾读作“液（yì）”。

“不过……你们要找的那种花露水，我之前好像有在哪里见到过……”学姐似乎想到什么，带着我们在货架间转了转，找到了放在一处不起眼的位置的几瓶“明星牌”花露水。

看到花露水熟悉的下宽上窄的瓶子，大家都倍感亲切。瓶身上的贴纸还非常有老上海的风味,应该是老字号产品没有错。于是大家没有买学姐热荐的“防蚊液”，坚定地买了“明星花露水”。而直到后来使用时才发现，这种“明星花露水”并没有任何防蚊止痒的效果，只是有香味而已，算是一种比较廉价的香水。台湾的好友“柠檬”跟我说，她小时候在她阿嬷家有见到过这种花露水，但后来就很少见到了，竟然被我们在福利社找到。这样听起来，似乎是只有老人家才会用的东西？！

3

买完之后，大家提着大袋小袋站在福利社外面，等着返回的校车经过。等车的时候，学姐又意犹未尽地跟我们讨论起了两岸词汇的差别：

“你们在大陆叫‘打伞’对不对？我们是说‘撑伞’。你们说‘发短信’，我们说‘传简讯’。”学姐的表情有点得意。

看着这两位马来西亚的学姐，不知道她们心里对于陆生是怎样的感觉。虽然帮我们忙前忙后很热情，可是热情里，似乎总流露着一点点看不起的感觉呢……这种感觉随着接触的马来西亚学生多了，越发觉得强烈。或许在他们的眼里，大陆就类似是越南、菲律宾这样的穷邻居？

台湾的人名超有趣

1

第一次在暨大听课，特意早早地赶到教室。大部分学生都还没来，只有 3 位女生坐在座位上边聊天边吃早餐。我走进教室时，她们转过头来看了一眼，大概以为是其他系的学生来旁听，并没有很惊讶。

在教室后排找了一个座位。坐下后没多久，学生们就三三两两地走进教室。一个男生站在门口张望了一下，然后径直走到教室后面，在我的斜前排坐下。他看了看我，似乎觉得很陌生，问我："同学，你干嘛一个人坐在这里？"

"没有啊……"

似乎觉得我口音不对，于是第二个问题就直接问："你是哪里人？"

犹豫了一下，我回答："我是大陆人。"

男生似乎并没有觉得奇怪，"喔"地应了一声，然后问："那班上的同学你都认识吗？"我回答说我不认识，他说他也大多都不认识。他刚刚休学一年，今年降级来上课。

“你叫什么名字？”他问我。

“李晨。”

“李晨？！就两个字吗？！”男生一脸惊讶。

“对啊，怎么？”我觉得男生的反应太夸张。

“两个字的名字在台湾很少见耶！”男生说。

“是吗？为什么很少见啊？”我不懂。

“因为家长大多都会给孩子取三个字的名字啊！”男生笑。

“……那你叫什么名字？”我问。

“喔，我叫陈 zhèn 扬。”

“哪个‘zhèn’啊？”

“就‘政治’的‘zhèn’啊。”

“叫‘陈 zhèng 扬’吧？”

男生脸上露出一副很想笑的表情：“你们的发音干嘛那么标准啊……”

2

9点钟开始上课，书昀老师整理了一下讲台，然后拿起麦克风笑着说：“同学们好久不见，暑假过得怎么样？”

寒暄了一阵，开玩笑说谁怎么换发型了、谁又变成熟了等，然后老师拿出花名册开始点名。

听老师点名，才发现全班除了我、一位叫“李慧”的女生和一位叫“谢彤”的女生，其他同学的名字真的都是三个字。而且许多台湾同学的名字都如同琼瑶笔下的人名一样“梦幻”，什么“婉竹”、“婉瑜”、“婉婷”、“婉妗”、“佩蓉”、“佩岑”、“圣佩”、“欣婷”、“美涵”、“恩慈”、“慈恩”……听起来都非常雅致，有所谓“中华传统文化之美”。而回忆起来，大陆比较多像“刘军”、“张伟”、“王超”、“李红”、“李磊”之类的名字。后来遇到一位台湾的阿姨，和她讨论起台湾的人名的时候，她说台湾的家长确实都比较喜欢那种含蓄、有内涵、诗情画意的名字。她说她曾经遇到一位大陆的男生，男生说他叫“王帅”，她吓了一跳。她开玩笑说这个男生的家长也未免太自信、太直接了吧？竟然直接给小孩取名叫“王帅”。我说在大陆，叫“×帅”的人还蛮多的呢。她听了觉得不可思议，说在台湾，绝不会有小孩的名字叫“王帅”或“刘漂亮”之类的。

台湾同学之间，包括男女生之间，都是叫彼此名字的后两个字，或者叫绰号。台湾学生几乎每个人都有绰号，可是大家似乎并不觉得绰号是一种侮辱，反而很喜欢绰号带来的亲密感，起码不排斥。班上有一位有点胖胖的女生，大家叫她“大象”，她也不介意，甚至自我介绍时也说“哈啰大家好，我叫‘大象’”，非常潇洒。

点完名后，老师介绍了一下本学期学习的内容、需要课下自行完成的练习活动等，课业并不多。

好像越是经济发达的地方，课业越简单易懂。大陆的学生常常会笑话美国学生和日本学生，小学五年级还在学我们三年级的内容。但如果理解其用意的话，会发现这样的设计其实更加合理：能让更多的学生跟上老师的进度，同时不会因为学习的知识太难而对学习产生厌恶感。大陆学生群体性地讨厌数学，恐怕就是因为从小学得太难的结果吧。

可爱的"TA"与转学生

1

"期中考试的影评会由你们的 TA 来打分，选出比较优秀的给予奖励。"

"每次上课前，请先到你们的 TA 处签名。如果有要请假，请先提前告知你们的 TA。"

"我们的课程会有小组讨论。TA 会根据大家在讨论中的表现打分。"

……

在讲台上走来走去的仁海老师一直反复提"TA"。TA 是什么？是像大陆使用的网络语言一样，用拼音"TA"指代"他／她"吗？不过台湾使用的是注音，这样的解释显然不对。我看了看周围的同学，似乎没有人不理解。

"等下会念到大家各自由哪位 TA 负责……"

灵光一闪。啊，TA，原来是"Teaching Assistant"（"助教"）的缩写啊！

在暨大，几乎每个课程都有TA。担任TA的学生由授课老师指定，多是大三、大四或研究所的学长姐。

TA算是学校为学生创造的打工机会。担任一份TA的职务，每个月有8000元新台币（约人民币1800元）入账。如果同时担任两份TA职务，每个月就能拿到16000元新台币，数目相当可观。而TA的工作并不难，只要帮老师做一些开门锁门、开关投影仪、签到、批改作业、监考等琐碎的工作，所以TA的职位总是十分抢手。

TA的人数不限，通常每个课程2个。但这个叫作“全球议题与国际发展”的通识课，竟然有多达6名TA。负责我的TA自称“阿宅”，因为他说自己很“宅”。阿宅是“公行系”（“公共行政与政策学系”）的大三学生，长着一副大陆学生的脸（如果仔细看的话，台湾人和大陆人的长相其实是有细微区别的），戴副呆呆的眼镜，穿得也很朴素。如果不是因为阿宅说话时一口标准的台湾腔，我怎么也想不到他是个台湾学生。而在之后的接触中，我发现阿宅其实非常有想法，他对于很多问题的理解独到且精准，完全超乎我对台湾学生的认识，以至于每次小组讨论他让我发表看法时，我都会很紧张，担心自己的观点太过肤浅被他在心里鄙视。

6名TA中，有一位绰号叫作“白菜”的TA，也是我“教育统计”课的两位TA之一。“白菜”是一位非常文静的女生，戴着一副金丝框眼镜，说话时柔声细语，每次我们上课她都会坐在教室的一侧旁听，作业也都会很认真地批改。课下有不懂的地方，可以通过e-mail问她，她都会当天回复，给出很完整的解释。

除此之外，我认识的其他TA也都非常可爱。有一个叫“阿猴”（用台语念作“**ā gǎo**”）的TA，明明是小胖子却还要把自己形容成瘦瘦的猴子（笑）；名叫“建宏”的TA，负责指导“团体社会工作”课程我所在团体的每次课下练习。我们的团体练习常常是早上7点多开始，而建宏也要被迫跟着我们早起。对于每天凌晨 1、2 点才睡觉的台湾学生来说，早起真是一件辛苦事，不过他也从未抱怨过。

以前印象中的台湾学生，都像是台剧中的主人公那样玩世不恭，把恋爱当事业。不过接触到的这些 TA 们，却首先扭转了我对台湾学生的刻板印象。从他们身上，我看到了台湾学生做事认真的一面，不是只有好玩享乐而已。

2

个案工作课上，玲萍老师特意介绍班上新来的“转学生”。

“转学生”，也就是从台湾其他的大学转来的学生。在台湾，大学之间的转学并不难，国立大学与私立大学之间、不同类别的系所之间，学生只要参加每年一次的转学考，考试通过了就可以。如果够厉害，从排名靠后的科技类大学转入全台第一名的台大也是有可能的。而让我惊讶的是，这次竟然有 7 名同学从其他大学转入暨大社工系，其中佩蓉还是来自在台湾很有名的私立大学辅仁大学，而且是热门的新闻系。佩蓉说她自己在辅大已经念了 3 年了，可是最后还是觉得比较喜欢社工系，于是通过转学考，插入暨大社工系二年级学习。

本来在辅大再念 1 年就可以毕业了，但却愿意放弃马上就到手的毕业证和学位证，重新学新的学科，我想不是每个人都有这样的勇气的。

虽然转学生们都是台湾人，可是暨大对于他们而言，也同样是一个全新的环境。所以看到这些新来的转学生，就像是找到了同类。而我后来也确实和他们建立了比其他台湾学生更深厚的友谊。

“1 个小时之内办好！”

1

刚到暨大，总是会很好奇地登入暨大的网站看看。在首页的“校园资讯系统”中，有一个叫作“授权软体（‘软件’）下载”的区块。好奇地点开来看，发现是一个登录页面。而当我输入我的学号和密码时，却被告知“无使用权限”。

虽然是陆生，但我现在来到暨大，理应有使用权的。平常总是“算了啦”的我，这时却很想要争取一下权益。印象中图书馆的东侧就是“计算机网路（‘网络’）中心”，不如去那里问一问?

2

赶到网路中心时，时间已经接近中午 12 点，有点担心工作人员会不会已经下班了。来到 1 楼门口，看到一块彩色的提示板，上面写着咨询什么内容去几楼哪一个办公室。按照提示来到 2 楼的办公室门口，朝里边看，发现所有的工作人员都还在埋头工作，旁边放着一份午餐便当。这场景让我不由想起来台湾之前，在原学校的行政办公室打印成绩证明时的遭遇。明明是下午 5 点下班，可是当我和同伴 4 点半赶过去时，被对方告知“电脑已经关了，要下班了。明天要开会，你们星期四再来。”等到星期四终于可以打印成绩证明了，却要求每个人额外交钱，虽然只是用了张印有学校标识的 A4 纸而已。

正当我站在门口探头探脑的时候，一位工作人员抬起头来，朝我笑笑，问我需要帮忙吗。我这时却反而不太好意思，犹豫着把我遇到的问题说了一遍。那位工作人员听完之后，想了 2 秒钟，说了句让我吓一跳的话：“我们（指他和其他工作人员）再讨论一下，1 个小时之内办好！”

1 个小时！习惯了工作人员态度懒散又傲慢的我，还以为对方会说“过两天再看看”之类的话。而听到“1 个小时”，我竟然一时说不出话来。后来跟台湾的好友峻毅讲起这件事时，他却不以为然：“干嘛要等 1 个小时？ 10 分钟就可以啦。”我说 1 个小时我已经很满意了，即使要等两天我也觉得正常。峻毅听了之后认真地说：“在台湾，如果一件这样的事情要等两天，会被骂得很惨。”

而当天，听到“1 个小时之内办好”的答复后，我道谢然后回到宿舍。果然，当我 1 个小时之后再登录的时候，就成功进入到了下载页面。

一件小事里，让我看到了台湾人工作时的认真态度，并常常提醒自己也要如此。

2 墙后面的人

幻想中打工的样子.

真的能找到打工机会吗?

1

要在台湾打工，并不是件容易的事。

陆生在台湾能否合法打工，蓝绿两营之前一直为此争执不休。由于不少台湾的学生都难以找到打工的机会，绿营为“保护台湾学生的利益”，开放陆生入台研习可以，但是禁止与台湾学生抢饭碗。这在台湾“立法院”得到通过，并写入“陆生三法”附带决议。陆生打工如果被发现，将立即被遣返，同时一年之内无法进入台湾。

“没有不公平啊。我们台湾学生在美国留学，也是不能打工的。”系主任英阵老师也觉得是可以理解的规定。可是如果不打工的话，所剩的钱就无法支撑完整个学期。

真的要打工吗？冒着被抓的危险也要打工吗？

之后是连续几天的内心斗争。终于，决心豁出去，觉得自己一定可以找到打工、一定不会被发现。也真不知道是从哪里冒出来的勇气。只是一直自认为是遵纪守法的好公民，现在竟然要做违法的事情，自己也觉得不可思议。

2

如果要打工的话，校内就可以找到不少机会。不过学校里熟人这么多，被发现就完蛋了，还是先下山去碰碰运气吧。

坐着校车来到山下，在埔里总站附近的街口徘徊了一下。要去哪里打工呢？脑子里想到7–11。在便利商店工作，应该会很轻松、薪资也会很高吧？带着这样不够脚踏实地的想法，来到车站附近的一家7–11。

主动询问是否征人，还真是考验勇气的事呢。为了不显得太突兀，于是先买了一瓶黑松沙士，结账时小声问店员："那个……请问你们有在征人吗？"

语音刚落，两位店员同时抬起头惊讶地看着我。其中一位呆呆地说："不好意思我们没有在征人耶……如果有的话，我们会贴海报出来……"

"这样喔……谢谢！"抓起饮料快步走出去，感觉自己超丢脸。完全没有想到会是那样的答案。便利商店不是常常都在征募店员吗？不过店员的回答也提示了我，要找打工机会的话，当然就应该去找那种贴海报征店员的店呀！

于是转战另外一条街，很快地发现了一家玻璃门上贴有征募店员海报的7–11。海报上说提供下午班和晚班的工作。下午班似乎是从下午2点到晚上10点，而晚班则非常可怕，是从晚上10点到第二天早上6点，要熬夜工作。我想我还是做下午班好了，下班后还可以坐校车回学校，真是刚刚好。

于是又一次鼓起勇气走进店里，没有再买东西，直接问店员："请问是在征人吗？"

店员看了看我，说："不好意思我们下午班已经满人了喔，晚班你OK吗？"语气不带感情。

啊？已经满人了？！已经满人了干嘛不把海报改一下啊！工作这么不负责的。不过如果只有晚班可以做的话……

饮料柜
便利店
觉得先买点什么
东西会比较好…
一瓶黑松沙士
25元
那个…请问有在征工读生吗?
紧张
什么?!
……
不好意思
没有在征喔

我努力一点，应该也是可以的吧？！

“晚班我 OK 啊。”我回答。

“请问你有带履历表吗？”店员又问我。

履历表？是什么东西？是我们大陆所说的“简历”吗？打工也需要这个吗？心里一大堆问号。又或许在台湾打工需要履历表？

“那个……我没有带耶……”开始心虚。

“你把履历表带来再说好了。”依然是毫无感情的语气。

“好吧。”没有履历表，只好悻悻地离开了。

3

为什么打工也需要履历表？会不会也太正式了呀？

估计其他的 7-11 也都需要看履历表，于是暂时转移目标，盯上了路边的小吃店。埔里街上的小吃店非常多，而且似乎很

多都在征“工作伙伴”。

看到一家卖卤肉饭的小吃店，店门口挂了一块征“工作伙伴”的纸板，老板娘坐在店里很悠闲。于是我走进店里问：“请问是在征工读生吗？”

“你有机车吗？”又来一个出人意料的问题。

“啊？我没有耶。”我回答。心里觉得很奇怪，为什么要机车呀?

“那不行喔，你要有机车和驾照。我们店有很多客人都要求送上门的。”

原来如此。原来是要找送外卖的员工。可是我既没有机车，也没有驾照，送外卖的工作完全没办法做呢。

夏天的午后非常热，可是想要找到打工机会的心情更加急切，经过的每一家店都仔细检查是否在征人。最后又回到车站附近，看到一家泡沫红茶店在征店员，而且上午班、下午班、晚班都可以。

在红茶店工作，还可以免费喝红茶。心里偷偷打着小算盘，上前问店员："请问是在征人吗？"

"对啊……不过我们店长这两天出去了，我们没有办法面试你喔……"一男一女两个店员站在柜台前，女生回答我。

"啊？那店长什么时候回来呀？"

"……你可以把履历表先放在这里，我再帮你拿给店长好了。"女生说。

天哪，又是履历表。

"我没有带履历表耶……我下次再来好了。"说完赶紧走了，看来履历表真是应征必备品啊。而像我这样前来应征却不带履历表的人，在他们看来应该也很奇怪吧。

之后又不放弃地问了 5、6 家店，但都没有成功。要么时间不合适，要么需要骑机车，直到最后我都没有勇气再问了。不过台湾大部分的商店都偏爱征募小时工，台湾学生要找到打工机会，并不像所说的那么难。

一整天下来，
一个工作也没找到……

4

坐在返回学校的车里，心里是明显的挫败感。履历表和机车，对于我来说都是很高的门槛。难道真的找不到工作了吗?

晚上从宿舍出来，走去学校“图文部”(书与文具店)转转，竟意外发现了一沓摆放在卖的履历表。履历表看起来很像是信封。我好奇地看了一下履历表中的内容，里面有“国籍”、“身份证号”、“家庭住址”、“紧急联络人”等栏，而这些对于出来偷偷打工的我来说，都是不能让别人知道的秘密。所以如果面试一定要查看履历表的话，我根本没有任何机会啊……

好像已经山穷水尽了。

回宿舍的路上，要经过中餐厅外面的走廊。微弱的路灯光中，看到贴在中餐厅一楼玻璃墙上的 A4 纸。

“稻禾美食 征工读生”。

之前觉得在学校餐厅打工太容易被认出来，于是并没有考虑。那现在我要试试看吗?

5

第二天上午 10 点钟，趁不是用餐时间偷偷来到中餐厅，看到前台一个正在弯着腰擦厨具的阿姨，于是上前问：“请问你们是不是在征工读生？”

擦厨具的阿姨回过头来，发现她嘴唇竟然是黑紫色。她看了我一眼，说让我下午 3 点再过来，现在没有时间面试我。

于是下午 3 点，又赶到稻禾美食，那位黑紫色嘴唇的阿姨还在忙个不停。我又鼓起勇气上前问她征工读生的事，她这次略带歉意地说让我再等 1 个小时，她还是没有时间。

于是只好在校园里面四处乱转，1 个小时后，再一次回到稻禾美食，那位阿姨也终于忙完了，坐在餐厅内的椅子上，正在面试另外一位来应征的学生。

阿姨让我也坐在她面前，手里拿着旁边男生的履历表，让我把我的履历表拿给她。我只好说我没有带履历表。阿姨似乎觉得不好意思再让我跑来跑去，没有让我再去把履历表拿来。

阿姨介绍了很多这个店的情况，什么刚在这个学校开业啊，人手不够啊，每天忙得要死之类。然后问我们能做什么样的工作。旁边的男生说他可以扫地，我说我可以洗碗。阿姨又问我们以前有没有打过工。旁边的男生说没有，我说有过一次。

面试中，阿姨被一个男子叫出去了一下。阿姨离开后，场面突然安静下来。气氛有点尴尬，我便问旁边的男生是哪个系的？不问还好，男生居然说他是社工系的！吓得我心脏一阵乱跳。还好他说自己是一年级新生，又稍稍松了一口气。

而坐在餐厅里也让我很不安稳。不论是去 7–11 还是回宿舍，学生们都会从中餐厅外面的走道上经过。走道与餐厅中间是落地窗和玻璃门，站在走道上，餐厅里面的情况看得一清二楚。很担心坐在这里会不会被从外面经过的学生发现。

过了四五分钟，阿姨回来了，又问了一些问题。“好了，你们明天就来吧。小柚你去晚餐部洗碗，黄 ×× 你早上来做三明治。”

面试结束了。

终于得到了一份工作，可是走出餐厅的时候，心里却完全没有轻松的感觉。不过是面试就遇到同系的学生，工作之后会不会马上被人发现呢？会不会被遣返回去呢？

冒险去打工

1

第二天晚上，距离7点上班还有20多分钟，一个人偷偷地来到中餐厅外面，站在过道上观察在里面有没有熟人在吃饭。

稻禾美食的布局有点特别，有两个点餐的前台，一个是早餐部，一个是晚餐部，两个部都做中餐，而用餐区就位于早晚餐部的中间。早晚餐部都有各自的洗碗池，与点餐的前台隔着一堵墙。要进入到后面的洗碗区，必须要从前台旁边经过。

站在过道上探头探脑地观察了一阵后，确定餐厅里暂时没有我认识的人。趁这个时机，走到忙成一团的晚餐部前台，紧张地跟正在训斥煮拉面的工读生的阿姨说：“阿姨我来了

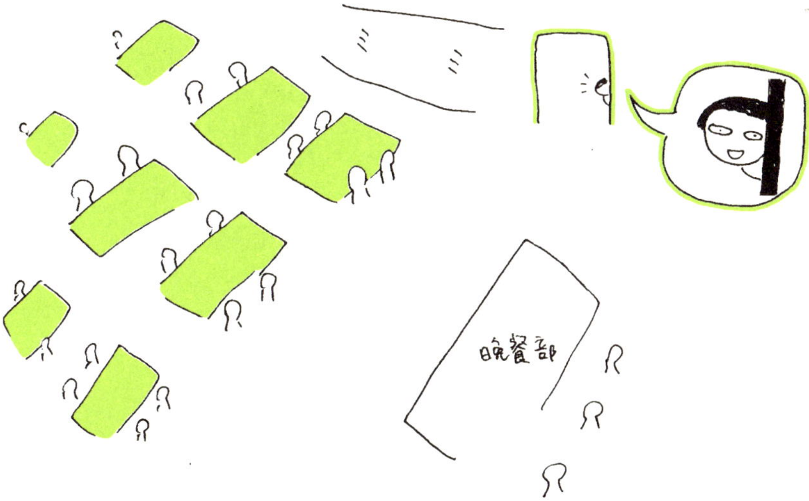

喔！我要做什么？”

阿姨转过头来：“你去早餐部找珍珍，她会教你。”

一路低着头走到早餐部后面，看到偌大的洗碗区里，一个很高的女生正在整理厨具，我上前问：“请问你是珍珍吗？”

“对啊，你是新来的工读生？”女生回过头来看着我。

“嗯，阿姨让我来找你。”

“你是负责做什么？”

“洗碗。”

“是喔……那你先把外面收餐区的碗推进来吧，那边有推车。”珍珍眼神示意了一下。

收餐区位在用餐区的旁边，学生吃完饭后会把盘子和碗放回在收餐区的塑料箱里。塑料箱装满了之后，就要推回到洗碗区，把碗拿出来泡在洗碗池里洗。

不想再出现在吃饭的学生旁，于是糊弄过去说：“我先洗池子里的碗吧，洗完了我再推进来。”珍珍没说什么，继续整理着汤匙和夹子之类的东西，问我：“你叫什么名字？”

“喔，我叫小柚。”

“小柚，你是哪个系的？”珍珍又问我。

“……我是社工系……”

很担心这个珍珍也是社工系，不想再看到同系的学生出现在这里了。

“哇，你们系的工读生真的很多唉！”珍珍说，“那边几个煮拉面的工读生好像都是你们社工系的！”

出现了更可怕的答案。

“是吗……”假装平静的语气，心里想的却是：“天哪！！死定了！！”

2

才洗了几个碗不到，一个穿着围裙、烫着狮子头的男生突然走进来，怒气冲冲地对我说：“阿姨叫你去那边！”男生指的是晚餐部，语气中满是不爽，好像我卖给了他假项链。

从早餐部到晚餐部，又要经过一排排吃饭的学生。可是既然是阿姨的命令，也只好服从。于是低着头侧着脸，跟着男生从用餐区快步经过。

走到晚餐部，前台的几个工读生还在忙得不可开交。阿姨看到我，让我先来晚餐部洗碗。原本是一个叫“山季”的男生和这个狮子头男生负责在晚餐部洗碗，但是叫“山季”的男生突然打电话来说不干了，阿姨于是把我调来这边顶替他。

对比早餐部的洗碗区，晚餐部的洗碗区小得可怜。宽不到2米的地上挤放着3个正在熬汤的火炉、1个烤箱、1个大铁柜，2个洗碗池、1个很大的垃圾桶，还有大大小小要洗的钢锅。墙壁的空间也不能浪费。双层的铁架上堆满了各种形状、不同大小的钢锅和塑料盒，塑料盒里装着各种刀具和夹子。整个洗碗区的东西堆放得满满当当，空间狭小又闷热。

男生毫不客气地教训我：“你洗我冲，这些碗、筷子、锅子通通都要洗。你要洗快一点！”

“……”

没办法，只好戴上塑胶手套，洗着从水池底一直堆到伸出水面的碗。左手从水池里抓起一个碗，右手拿着菜瓜布在洗碗精里蘸一下，然后用力地把碗里里外外擦一遍，再放到男生冲碗的水池里，一刻不停。从来没有这样快地洗过碗，

一个碗从出水到洗完最多 3 秒钟，速度快到碗似乎都要从我手里飞起来。

“昨天那个山季，一直洗到晚上 11 点才洗完！害得我们都那么晚才下班！”男生在旁边不满地碎碎念。

“不是到 9 点就可以下班吗？”面试的时候，阿姨说工作时间“从 7 点到 9 点”。

“什么啦，要洗完才能下班！你洗快点啦！”

……

沉默地洗了十几分钟后，男生突然搭话：“欸，你叫什么名字？”

“小柚。”

“我叫可可，因为我很喜欢吃巧克力。”

“……”

我觉得我开始有点讨厌这个在我旁边冲碗的男生了。

3

池子里的碗快要洗完的时候，可可就去收餐区把堆满碗的箱子推进来。前台 7 点半打烊，可是吃饭的学生们要到将近 8 点钟才会全部都离开。

碗都洗好后，就要开始洗各种大大小小的锅子、汤匙和夹子。锅子非常多，煮拉面的、煮意面的、煮油面的、煮卤蛋的，差不多有 15、16 个。

我像洗碗一样把锅子里外洗一遍，然后可可在水龙头下冲，冲完就拿去放在前台的拉面区下面。过了一会儿，阿姨掂着一个锅子进来，把锅子在我面前倒过来，露出锅底，很不满地说：“这就是你洗的锅子啊？下面的这个你根本都没有刷啊！”

她指的是一些圆圆的“点”，是火苗在锅底下烧出来的那种痕迹。

“锅底也要洗啊？”觉得很奇怪，锅底干不干净又不会影响食物卫生。

“当然要洗啊！谁跟你说不要洗？”

“这样的痕迹洗不掉吧？”

“谁跟你说洗不掉！”阿姨尖叫起来，从洗碗池里抓起一块菜瓜布，塞到我手里，然后抓着我的手在锅底上擦。擦了 5、6 次后，那些火苗的印记竟然真的慢慢擦去了。

“看到了吗？”

“嗯。”

“我问你看到了吗？”余怒未消。

“我看到了啦。”

“可可，你要一边教他！这样洗出来的锅子不行呐！”

阿姨对可可说。

“嗯！好的！”可可一反跟我说话时的臭脸，很殷勤地对阿姨说。

阿姨一边四下张望，一边回到墙另一边的前台去了。

这个可可，后来才知道，其实只比我早来打工两天而已，可是却把自己扮得像一个老员工一样不可一世。而我只好把“没刷干净”的锅子都重新刷一遍，又把筷子、汤匙、“厨余（剩饭剩菜）桶”、烤箱架子、装碗和菜叶的塑料篮子都洗一遍。这时阿姨又走进来：

“可可，你教了小柚怎么摆放东西吗？”阿姨问可可。

“还没有。”

阿姨露出不耐烦的表情，对我说：“你看好。这种大锅子、有‘把’的，三个叠在一起，倒过来放在架子上面；这种没有‘把’的，是前台煮面用的，洗完要拿回放到前面；这样的小锅子这样放，汤匙要装在塑料盒里，方向要一致。炉子上要用抹布擦一遍。厨房里的东西全部都要摆放整齐，抹布每天要漂白。放在那下面的洗碗精、漂白水、沙茶酱、笋丝看到快用完了就要去仓库里补。地板要先用洗碗精洗，然后要拖干。不要我一个个来教！你们自己要负责！”

看来，有非常非常多的事情要做，而不只是洗碗这么简单。

其他的做完之后，最后还要洗地板。先要用扫把把地上的菜叶扫干净，然后在地上倒上洗碗精，用扫把刷一遍，刷完后再用水冲洗，最后还要用拖把把水拖干。

等到全部工作都做完之后，就可以叫阿姨过来检查。阿姨的检查严格得要命，地板会用鞋子蹭蹭看，检查是不是很油；会用手去摸洗碗池的池壁，检查有没有洗干净；烤箱下面的墙角也会蹲下去看，看是不是有积水。没做好的要继续做，直到她认为满意了才能下班。

看到这样干净的餐厅厨房，不得不佩服台湾人对待卫生的认真。学校食堂给我的感觉从来都是油腻腻、脏兮兮，可是眼前的厨房看起来甚至比自家的厨房还要干净。只是真是辛苦了我们这群在后面做清洁的工读生。

4

第一天工作，我以我能达到的最快速度，把要做的都做完了，而时间也已经是21：20。两个小时要干完这全部的活，怎么可能。而工资并不会因为工作时间的延长而增多，照样是95元新台币每小时（台湾最低工资标准）。

下班的时候阿姨拿了一张硬纸卡给我，让我在纸卡上写上名字。以后每天来工作，先在打卡机上打卡，下班时也一样。

打卡后，阿姨让每个人在冰箱里拿一杯红茶，说每天下班的时候请大家喝一杯饮料。虽然知道这只是对我们超时工作的安慰奖，但有红茶喝总比没有好。

和阿姨告别后，大家各自离开。回宿舍的路上，珍珍边喝红茶边跟我说，洗碗的工作已经换了好几个人了，之前的几个工读生，阿姨都嫌他们洗得太慢，而这次让我写打卡表，说明她觉得我洗得还不错。

我闻了闻自己的手，很浓的漂白水气味。想起高木直子在《一个人漂泊的日子2》中描绘的情节：在东京的餐厅打工的她，看到餐厅大厨又能做法国吐司又能做水果沙拉的手很是羡慕。而她看着自己的双手，她的手真的会让她过上梦想的生活吗？

而我的这双手，看起来似乎也不怎么牢靠，不过，却做到了很多台湾学生也做不到的事呢……

小议台湾腔

1

大部分的人，说话都带着当地的“腔”。北京人说话有北京腔，广东人说话有广东腔，台湾人说话，自然就有台湾腔。

台湾腔里有各种软绵绵的语气词，比如“欸”——“我不知道欸～”，“耶”——“是最新款的耶～”，“喔”——“好漂亮喔～”，“啦”——“还好啦～”，“厚”——“厚，你怎么都不帮我～”……

许多大陆人说话，尤其是北方人，字与字常常是黏在一起的；而台湾人说话，字与字是分开的。所以许多台湾人听不太懂大陆人说话，但是绝大部分大陆人却能听懂台湾人说话。不过也有一些情况是，当台湾人说话语速较快时，有些字词听起来好像“融”在一起，比如“不要这样子”，听起来就像是“不要酱紫”，“我喜欢五月天”就变成“我宣五月天”，“大家都在喔”就变成“大啊都在喔”……

在台湾式的会话里，有一些比较固定的句型，比如“有”

式句："你有吃晚饭吗？"（"你吃晚饭了吗？"）；"给"式句："你给我看啦～"（"你让我看啦！"）；"超"式句："超赞的～"、"超厉害的～"（"太棒了！"、"太厉害了！"）；"不错"式句："那家店的豆花不错吃欸～"，或者"那部电影还不错看！"（"那家店的豆花很好吃！"、"那部电影很好看！"）……

在大陆时，当我们听到周围人说话像港台的电视明星时，我们常常会说："你讲话怎么有港台腔啊？"但实际上，香港腔和台湾腔还是不一样的。同样是"……的啦"的句子，香港人会使用上扬的语气，而台湾人的语气则是下沉的。而至于为什么会是这样的差别，是因为香港人和台湾人在说普通话时，有着各自不同的方言基础。所以台湾腔之所以是我们现在听到的这样，首先是因为受到了"台语"的影响。

2

"台语"也就是"台湾话"。在台湾这片土地上，有多种语言共存，比如闽南语、客家话、"国语"、原住民的语言等。到底哪一种语言可以称为"台湾话"？

最早在台湾居住、生活的是现在的"原住民"，即在大陆被称为"高山族"的群体。原住民有自己的语言，属于太平洋南岛语系。17 世纪之后，大量漳州、泉州地区的汉人渡海来到台湾，走南闯北，让闽南语渐渐成为在台湾占优势地位的语言。不过闽南语在台湾的发展过程中，慢慢发生着变化。进入日据时代之后，更是加入不少日文词汇。这都是漳、泉地区的闽南语所没有的。所以日本人便将台湾人说的闽南语称为"台湾话"（"台语"）。虽然日本人要求台湾人学日文、国民政府又要求台湾人学汉语，但台语一直是台湾的第一大母语。目前有超过七成的台湾人会说台语。

台湾人习惯说台语，而"国语"中的许多音，如"f"音、"r"音和"zh"、"ch"、"sh"音在台语中没有，所以许多台湾人，尤其是受台语发音影响较大的中老年人，很难发出这几个音。要发“f”音时，常常会发成“h”音，比如“米粉”，许多台湾人会说成“米 hǔn”。要发“r”音时，常常会发成“l”音，比如“稻草人”会念成“稻草 lén”，“二十”会念成“饿十”。而“zh”、“ch”、“sh”则一律用“z”、“c”、“s”代替，比如“知道”会念成“资道”，“舒服”会念成“苏胡”。而当“eng”音与“b”、“p”、“m”、“f”音搭配时，台湾人会将“eng”音发成“ong”音，比如“台风”会念成“台 fōng”（更严重的会念成“台轰”），“OK绷”（创可贴）会念成“OK bōng”，“梦想”会念成“mòng想”等。

台语对台湾人说普通话的影响，除了发音之外，还体现在词汇方面。台语原本是没有文字的，但因为台湾人觉得许多时候用台语表达意思比使用“国语”来得亲切，所以台湾人便将许多台语中的口头词汇用“注音”（相当于大陆的“拼音”）表示，或直接“音译”为国语文字，比如“阿公”（爷爷）、“阿嬷”（奶奶）、“衰”、“速配”、“好康”（实惠）、“夯”（流行）、“呛声”（放话）、“吐槽”（抬杠）、“古早”（古老）、“郁卒”（郁闷死了）、“蚵仔煎”、“魔神仔”（一种山精）等。这当中的一些词，透过网络在大陆流行开来。最近看到一些我们大陆的新闻标题也开始使用像“呛声”、“吐槽”之类的词。大部分大陆民众都没有台语基础，看到这样的新闻，不知道能不能理解呢？

顺便一提的是，台湾收纳了不少从外文转化而来的词汇，比如从日本来的“便当”（盒饭）、“人气”（受欢迎程度）、“风吕”（澡堂）、“民宿”（家庭旅舍）、“便利”（方便）、“残念”（可惜）、“幼稚园”（幼儿园）、“欧巴桑”（大婶）、“欧吉桑”（阿伯）、“运将”（司机）、“观光客”（游客）、“放送”（向外播送）、“刺身”（生鱼片）、“邮便”（邮件）等。其他的还有“哈司”（chance，机会），“三

温暖”（sauna，桑拿）、“秀逗”（short，头脑有问题）、“麻吉”（match，朋友）、“优格”（yogurt，酸奶）、“宝特瓶”（bottle，塑料瓶）等。这些词汇，许多也慢慢在大陆使用了。

3

台语对台湾腔的影响是基础性的，而两岸分隔造成的语言各自发展，让台湾腔调与大陆腔调更加不一样。

“二战”结束后，国民政府接收台湾，开始在全台推广以北京腔为标准的“国语”。当时台湾电台请“老北京”齐铁根先生每日清晨做“国语读音示范”，示范民众国语读本、国语会话。电影《悲情城市》中，也有台湾刚刚光复后，从大陆北方来的老师教台湾人“国语”的场景。齐铁根先生按照北京土话把“和”念成“汗”，“法国”念成“fà 国”，“俄罗斯”念成“è 罗斯”。今天的许多台湾人，依然是按照当年这位老先生的读法在读。此外，许多旧字词在台湾依然在使用，比如“里长”、“学艺股长”、“同侪”、“拔擢”、“书局”、“药局”、“医师”等。从这个意义上来说，似乎台湾人说的“国语”更有一点传统意味。

不过，这种发音部位靠近喉咙的北京腔，与发音部位主要靠近唇齿的台语相差甚远，习惯说台语的台湾人，终究还是说不惯这种大陆腔调。最怪异的是“哥们儿”一词。这个来自大陆北方的儿化音词，在台湾竟然被念成“哥儿们”，听起来真是古怪。

细节上，两岸的一些用词也不一样，比如：大陆人习惯说“这个包的质量好”，台湾人会说“这个包的品质好”；大陆人会说“我女儿在读初中”，台湾人会说“我女儿在念国中”；大陆人会说“进入大学的方式”，而台湾人会说“进入大学的管道”；大陆人会说“这里有语法错误”，台湾人会说“这里有文法错误。”

字词的读音不同也很常见，比如“日期（qī）”、“跌（diē）倒”、“液（yè）体”、“角（júe）色”、“期（qī）待”、“研究（jiū）”、“关系（xì）”、“品质（zhì）”、“意思（sī）”、“寂（jì）寞”、“冲突（tū）”、“综（zōng）合”、“攻击（jī）”、“企（qǐ）业”、“珍惜（xī）”、“认识（shi）”，在台湾的念法是“日期（qí）”、“跌（dié）倒”、“液（yì）体”、“角（jiǎo）色”、“期（qí）待”、“研究（jiù）”、“关系（xī）”、“品质（zhí）”、“意思（sì）”、“寂（jí）寞”、“冲突（tú）”、“综（zòng）合”、“攻击（jí）”、“企（qì）业”、“珍惜（xí）”、“认识（shì）”，而且在台湾，后者的读音才是正确的。

台湾腔为什么会是我们现在听到的这样，我想以上就是主要的原因了。很多外国人在台湾学中文，他们学完后理所当然就带上了台湾腔。在晚餐部负责整理料理台的小巴，从蒙古国来到台湾念书，已经在台湾待了6年。受台湾人影响太深，小巴完全不像是印象中彪悍的蒙古人，感觉很温和很细腻，说话时也带着“喔～”、“欸～”、“耶～”这样的台湾腔调。有时也不得不说，这种腔调真好听。

390元的衣服

“台湾的衣服都好贵喔……”“自我探索与生涯规划”课程的小组讨论中，我这样发表意见。

“可是我买的衣服从来不超过390块（约合人民币90元）耶。”小组里一位叫“小蛮”的女生接过话说。

“390块?! 怎么可能！随便在NET和hang ten里抓一件衣服就要七八百，上哪里找390块钱的衣服啊？”

“我都是去夜市或者是菜市场买衣服啊。”小蛮很淡定地说。

夜市和菜市场!! 我惊讶得直翻白眼。小蛮是全组当中打扮最时尚的一位女生，竟然会去夜市和菜市场买衣服？实在是无法想象。不过看小组其他同学的反应，却都很平静很淡然，好像大家都常常去菜市场买衣服似的，也没有人觉得是件丢脸的事。

对比起来，大陆学生似乎反而比较爱买名牌，而台湾学生却是超乎想象的节省。我想或许是因为大部分台湾学生都在打工，所以知道赚钱多么不容易吧。

正确还是错误的决定？

1

已经在中餐厅打工两周了，开始条件反射般地只要是工作的日子，一到晚上6点多，心情就变得很沉重。

顶着压力去打工，实在不是轻松的事。为了不被人发现，每次距离7点还有十几分钟就偷偷站在走道上张望，等到没有认识的人在吃饭的时候，快速溜进晚餐部后面洗碗。后来学聪明了，像其他工读生一样，先在餐厅后面的衣帽间换上长及脚踝的工作围裙和帽子，还特意买了一个可换洗的口罩。这样"全副武装"之后，再出现在餐厅里，心里就感觉安全许多。

只是打工依然很辛苦，闷热的厨房里，衣服不知不觉就汗湿了。汗水顺着额头流下来，一直流到眼睫毛处。一个不小心，流进了眼睛里。

"这个麻烦洗一下喔。"前台煮面的工读生把用完的锅子提到后面来，说话很客气。

“放在地上就好了～”在一旁冲碗的可可柔柔地说。

“喔，谢谢。”对方把锅子放下，出去了。

“你洗快一点啦！那里的锅子都堆不下了。”

洗碗池不高，如果要洗得快，必须整个人接近90度地弯下腰。这样一晚上工作下来，下班的时候常常腰都直不起来。可可却可以在一旁轻松地直着身板冲碗。而明明我们隔着两尺的距离，却不时有水从他那边溅在我脸上。起初还当他是不小心，但反复了五六次之后，忍不住问：“你想干嘛？!”

而这位烫着狮子头的男生却完全不理会，一边哼着歌，一边端着洗好的碗到前台去了。

2

下班的时候照例先打卡，然后端了一杯红茶。离开的时候可可还在和阿姨眉飞色舞地聊着什么，声音细细柔柔的。不知道是说到了什么有趣的话题，阿姨“哈哈”地笑出来。

从餐厅到宿舍是一条很安静的小路。夜晚清凉的风吹着汗湿的头发。红茶冰冰的很好喝，白色的衣服脏兮兮。

突然不想回宿舍，想在校园里面走一走。

3

暨大没有晚上的课，学生下午放学后，大多回到山下的“家”。而住在学校里的学生，晚上也大多待在宿舍里上网。

一片漆黑的教学楼。

被月光照亮的草丘。

虫鸣的声音。

走到等校车的地方，在长椅上坐下来。手里握着红茶，耳朵里似乎还回荡着从前台传来的点餐的声音：

“土鲶鱼汤饭已经没有了喔！”

“奶油拉面。”

“请问要加卤蛋吗？”

“64 号好了！”

……

有时也会听到很像是熟人的声音，发音饱满的大陆腔调。隔着一堵墙，看不到在后面洗碗的我。

很多大陆学生想要在台湾打工。可是在这里打工真的有趣吗？

月光透过枝叶，投下细碎的银色斑点。

白天的我，和同学开心地聊天，说着在大陆发生的有趣的事情。和家人打电话时，也说着“过得很好啊，很轻松”之类的话。一到晚上就把自己埋在碗堆里，打工没有让我有安定感，相反只有疲惫和烦躁。而被揭发的心虚与压力更让我惶惶不可终日。

在台湾的生活，不仅不似想象中那样闪闪发亮，反而还大不如前。在大陆的时候，至少不用背着巨大的压力去打工，不用过得这么辛苦。

这样来到台湾，究竟是对还是错呢？……

突然地一回头，看到很远很远的山下，一个长方形的东西，四周有荧蓝色的灯在交错闪烁着。

是建筑吗？还是广告牌？

似乎是广告牌。

那些黑暗中一闪一闪的光，突然让人惆怅又难过。

坐在长椅上的我，找不到可以把心里话说出来的人。

自嘲地笑两声。喝一口红茶。

这样的生活，到底还会持续多久呢？

4

“如果是你，你会怎么做呢？

失意，当成马戏？

如果是你，你会支持我吗？

美梦，加紧练习？”

为了振作自己，每次打工前都会听名叫《我们都一样》的歌曲，歌曲来自一个叫作“棉花糖”的台湾两人乐队。而每次听到这一段，都会特别有感触。

如果是你，你会怎么做呢？

失意，当成马戏？

如果是你，你会支持我吗？

美梦，加紧练习？

身份大危机

1

第一天打工的时候，珍珍说晚餐部几个煮面的工读生都是我们社工系的，几天下来，发现她们不仅是我们系的，而且还是同一班的，而她们也都认出了我。我相信她们不会揭发我，而她们也确实在为我保密，每天依然平静地继续着。

在中餐厅工作了大约三个星期后，一天傍晚我回到宿舍，准备换衣服去工作。坐在书桌前的室友跟我说刚才有一个男生来过，拿了一张表给我，就是我桌上的那张。室友眼神示意了一下。

“一个男生来找我？”心里在想是谁。如果是黄姓学弟或者是可可就糟糕了。

我拿起表一看，吓一跳，原来是暨大为了保护工读生的权益，要求在校内打工的学生都要进行身份记录。

不知道室友有没有打开来看？可是坐在桌前的室友却很平

静，没有多问我什么，我也只好当他没有看。而这份表我当然不能填，打工的事绝对不能让学校知道。如果要求一定要填这个表的话，我恐怕就没有办法再继续打工了。而想到不再打工，心里竟然涌起了一阵由里到外的轻松感。我不怕打工辛苦，但是被揭发的压力却真的太沉重。与其每天活在担忧中，不如趁这个机会，辞职算了吧……

2

当天下班后，等到其他工读生都走了，我跟阿姨说："我不能再来打工了。"

"为什么？！"阿姨正在整理篮子的手突然停下来，一脸惊讶地看着我。她对我这些天的表现很满意。

"我不能填这个表啊。"我把表拿出来给她看。

"为什么呢？"表情很疑惑。

"因为我是大陆人啊。"

"什么?! 你怎么会是大陆人?!"阿姨瞪大了眼睛。

"我是啊……"笑得很尴尬。

"你不能在台湾打工吗？"

"对啊。所以我不能填写这个表呢……"

阿姨的表情由急切变得缓和下来，看了我两秒钟，说："阿姨了解你的意思了。阿姨家里也有越南的工人啦……呵呵，阿姨知道要怎么做啦！这个表你就不用填了。阿姨这里有这么多工读生，少填一个人也没关系的啦！"阿姨开心地笑起来。

"真的吗？"我感觉要辞掉这个工作还真不容易。

"对啊！没关系啦！小柚明天晚上还要再来啦！"

辞职竟然是这样的结果。本来以为这次可以因为这个机会而结束工作，可是又被阿姨劝说着做了下来。

而被揭发的压力一点没有减少。

打工的伙伴们

随着一天天的打工，工读生也逐渐固定下来。三位同班的工读生做了一个月之后都因为工作太累而辞职了。讨厌的可可由每天工作变成了星期二和星期四工作，星期一、星期三、星期五的工作由新来的工读生雯雯来做。雯雯是经济系的大一女生，皮肤黑黑的，戴副细框眼镜，很像是泰国电影《初恋那件小事》中，“小水”最初的样子（笑）。

小巴在中餐厅做了 1 个多月后，因为要前往台北实习也跟阿姨辞职了。代替小巴的人叫黄群，是经济系大三的香港女生，身材矮矮小小的。打烊之前黄群负责在前台煮面，打烊之后就负责收拾料理台。

起初我很讨厌黄群，感觉她脾气很大，对周围的人也总是爱理不理，怪不得长一脸的痘痘。不过时间长了，觉得黄群人也挺好的。好几次的晚餐，我在前台点了一碗不加蛋的海鲜锅汤饭，工读生半价 25 元。黄群看到是我点的，于是走到后面的电饭煲给我多加了两勺饭，然后冒着被站在一旁的阿姨发现的危险，偷偷为我在锅里加了一颗卤蛋。

“你不要跟可可说喔！”把做好的汤饭端给我时，黄群小声警告我，“他马上就会告诉阿姨！”

“好啦……谢谢你喔！”我感谢地端过，突然觉得黄群真是个好人。后来跟雯雯说起时，雯雯也说她常常受到黄群的关照。

雯雯也是一个随和的人。因为家在台中，距离学校很近，所以几乎每个周末都回家（周末中餐厅不营业）。回家前雯雯常常会问我们：“要我帮你们带什么吗？”于是我就很不厚道地要各种东西。而星期一晚上上班的时候，雯雯果然都很靠谱地帮忙带来。

与雯雯一边洗碗，一边聊着天，工作不知不觉地就做完了。也因为这样的聊天，有机会更加了解台湾学生的生活，比如大一新生的宿营活动，比如雯雯当兵的哥哥在军营里的故事之类。打工也因为多了这些好伙伴而开心许多。有时候也会觉得很神奇，大陆的学生、香港的学生、台湾的学生，同在一个厨房里打工，感觉多么和谐又大同。而原本又累又繁杂的工作，也因为越来越熟悉而做得越来越好，不会像刚来时每天都被阿姨骂。收工的时间也越来越提前，由最恐怖的一次做到晚上 10 点才下班，到后来每天 9 点就能准时下班了。

原本期待月底就能发工资，后来才知道阿姨的规定是每个月的工资在下个月的 10 号发，如果 10 号是周末，就提前到星期五发。于是 10 月 8 号星期五，我拿到了第一笔工资。工作了 9 天，1710 元新台币。很少，心里却很开心。

拿到工资之前，一直想着拿到工资后要下山去吃大餐。不过真正拿到工资后，吃大餐的念头却没了。辛苦挣到的钱，花在吃大餐上多不值。而在被阿姨无理训斥的时候也偷偷想过，下次拿到工资，一定不再来打工了。可是不来这里打工的话，我可以去哪里呢？

3
秋日小散步

周末不用打工，
很想出去玩一玩～

月下的“夜冲”

1

到台湾后不久，传统节日中秋节便如期而至。同是中华文化的台湾，中秋当然也是要过的。不过台湾学生都早有安排，或是回家团聚，或是机车旅行，而我这时却不知道要做什么。百无聊赖中，同系学姐郁珊打电话来，问我是否愿意参加他们的团契活动。想着反正也没事做，于是毫不犹豫地一口答应。

“团契”是一种宗教组织，而郁珊则是暨大团契的团长。我虽然无宗教信仰，但借由这样的活动和台湾学生一起交流也挺不错。

活动原本的计划是“中秋月夜虎山行”，大家一起爬埔里郊外的虎子山。但就在大家马上要出发的时候，却意外地下起了一场瓢泼大雨，将月夜虎山行直接浇熄。郁珊没有办法，只好宣布爬山活动取消，大家各自回家回宿舍。

满心期待，结果却无法前行，感觉失望又无奈。只是失望之后来临的惊喜，总是有着超出其自身许多倍的力量。才回到宿舍，正想要打开电脑，突然感觉整个世界似乎一下子安静了。走到窗前，大雨竟然真的奇迹般地停了！推开窗，凉凉的夜风吹进屋来，夹杂着雨后空气中的清甜香气。窗台湿湿的，雨水沿着小小的沟壑往下渗。还想着大家还去不去爬山，这时手机“叮叮叮”地收到一则简讯，打开一看，果然是郁珊传来的，通知大家回到 7-11 前集合！

2

考虑到雨后山路不好走，郁珊果断决定改变行程，“夜冲日月潭”！

所谓“夜冲”，就是晚上骑机车在公路上兜风，是台湾大学生最热衷的活动之一。暨大位于台湾中部的山区，可以去冲的地方非常多，日月潭、清境、合欢山都是热门地点，甚至还听说有学长越过中央山脉，一直夜冲到了东海岸的花莲，让人听到傻眼。而我虽然听过了不少关于夜冲的传奇故事，自己却从未有机会体验一次。这次能有机会夜冲，感觉又惊又喜。

郁珊让大家先等一下，另一位团契的成员、同系的学长荣智，马上就会把车开来。兴奋地等了几分钟之后，发现开来的却是一辆小汽车。

“我们不应该是骑机车吗？”我觉得很奇怪，坐汽车多无聊。

“等下可能还会下雨，所以我们还是坐小汽车啦。”荣智说。

“可是我很想坐一次机车耶……”

我居然厚脸皮把自己的想法说出来了，说完自己都觉得不好意思，可是荣智却二话不说找来皓恩：“你骑机车载李晨去吧？”而皓恩也非常爽快地就带着我去找他的机车。路上又打电话给他的一位朋友，为我借来一顶安全帽。看着他们为我忙前忙后，感觉很惭愧。

皓恩把他的机车从机车坪里推出来，让我坐在后座上。坐稳后，油门一踩，机车就“轰轰轰”地开动了。由于暨大每天都有大批学生骑机车出入学校，学校于是特意修建了一条上下山的机车道，远离汽车道，保证学生出入的安全。皓恩载着我从机车道下山，然后沿着中潭公路冲去日月潭。

中潭公路上没有路灯，路两侧也没什么房子，能看到的就是一片一片暗暗的农田。农田间隐约有槟榔树影浮现，树干顶端伸展出许多带刺的枝叶来。

雨后的世界非常安静，公路上的车辆这时都消失不见。机车的速度非常快，夜风卷着泥土的香气扑打在身上，衣摆在风中猎猎作响。这正是想象中夜冲的感觉……手也渐渐放开后车把，像束海草一样在夜风中摆动，享受这难得的轻松。

黑暗中，突然看到公路上两个人清晰的影子。月光？猛地一回头，雨后洗净的夜空里，一轮皎洁的圆月，温柔地向大地放射着银色的光束。高悬的月亮，跟随着我们的速度，穿行在丝丝的云气里。

包裹在如水的月色里，一瞬间忘了身体的存在，只剩下眼睛还在呆呆地看着后方的天上。

想起十多年前的夏夜。洪水消退后的第二个晚上，母亲带着我到邻居家外面的地坪里乘凉。邻居家大婶把竹床和木椅搬出来，大家七倒八歪、或坐或躺地聊天，谈论着冲洗屋子多么不容易、谁家的某某要结婚了、谁家的某某又去广州了。田野间传来此起彼伏的蛙鸣，有蓝色的萤火虫飞来飞去。而头顶上方，是一轮无比明亮的圆月。

躺在竹床上，夜风吹起微微的凉意。我闭上眼睛。在这样如水的月光下，在大家的说话声中，我慢慢地睡着了……

而那以后，再没有机会悠闲地躺在月光下。晚上的时光，总是坐在电视机前度过。初中之后，在台灯前度过。而高中之后，在教室的白炽灯下度过。而大学之后，在图书馆的灯下、在电脑屏幕前度过。走在校园里的路上，偶尔一抬头，看见天边一轮月亮。但是匆匆一瞥之后，又迅速钻进了大楼里。

生活似乎总是这样忙碌。前方总有做不完的事情，提醒着你要加快脚步。就在这样匆匆的时光中，失去了好多次，可以欣赏月色的机会。

4

如果月亮像儿童绘本上一般有眼睛，会不会看到地球某一条公路上，抬头仰望的我？隔着 8 秒钟时差的月光，从寒冷寂寞的星球出发，越过长长的空间，最终照射到我的眼睛里。

僵硬的身体，像是被月光一点一点渗透了一般，慢慢地柔软了下来。

这样静谧美好的月光，如果能存留下来就好了。

而如果能被这月光吸收而去，也是好的……

月色下的我，多么希望机车永远这样开下去，日月潭永远不要到达。天永远不要亮，月亮永远不要落下。

5

可是日月潭终于还是在半个小时后出现在眼前。湖水在月光的映照下闪烁着幽幽的蓝光，四周的群山也安静地仰卧着。

皓恩把车开到游客区，郁珊他们早已经到达。游客区内游客散尽，商店大多已经打烊。感觉好安静。

大家在便利商店买了食物和饮料，然后慢慢走到湖边。白天的日月潭热闹无比，可是眼前的日月潭，没有闪烁的灯光，没有拥挤的人潮，所有喧嚣皆已不见，只留下月色、湖水、山峦和夜风。

安详又美好的夜晚。

郁珊和荣智带着大家在湖边散步、互相认识。原本想融入台湾学生中间，但郁珊介绍了我的大陆学生身份之后，我又变成了最与众不同的那一个，被周围的台湾学生们一个个好奇地问：“你从大陆哪里来？”“你来台湾多久了？”“你觉得台湾怎么样？”“你们大陆人都知道日月潭吗？”

虽然都是些回答了无数遍的问题，但每次都还是要回答得很热情。

在他们做完祷告后，大家返回埔里。由于皓恩住在山下，所以回程坐在荣智的汽车里。虽然月亮依然高悬在天上，但是坐在车里，却没有了来时的美好感觉。

6

夜冲的半个小时，成为我在台湾最放松的一段时光。

来到台湾之后，因为陆生的身份，总要注意自己的言行。虽然人人都对你好奇又热情，但心里的隔阂始终是有的。每天都觉得很累，也似乎无法真正融入台湾学生中。如果不是与其他陆生在一起，自己总是最“与众不同”的那一个。

而坐在皓恩机车上的我，完全忘记了自己是大陆来的学生，忘记了打工的压力。被月光照亮的公路上，机车“轰隆隆”的半个小时里，只是纯粹地享受月光、享受夜冲而已。

多么轻松自在的半个小时。

虽然之后又坐着好朋友的机车旅行过几次，但第一次夜冲时的那种感动却再也找不回来了。

是什么变了呢？

感谢这群好朋友们，给了我一个最美好的中秋节。

日月潭的船艇课小旅行

1

在一长列类似“足球”、“篮球”、“网球”、“游泳”等体育课程名称中，“船艇”两个字一下子吸引住了我。于是不顾自己是旱鸭子的事实，毫不犹豫地选择了船艇课。

因为暨大靠近日月潭，所以船艇课的上课地点选在日月潭上，这也让我小小地惊喜了一下。还从没有听说过哪个风景区会提供给学校教学，至少西湖就不可能开放给杭州的大学生在湖上上船艇课。能在风光明媚的日月潭上上课，真是赚到了。

船艇课的老师名叫林展纬，从小在日月潭边长大。用老师的话说，“对日月潭了如指掌”。展纬老师除了教我们这些外行学生，同时也是暨大船艇队的领队老师。船艇队是学校的一大骄傲，因为按照学术排名，暨大可能无法和剑桥、牛津这样的老牌名校比，但在船艇比赛上，暨大却能和这样的名校同场竞技。老师在自我介绍时，说曾经有在北京体育大学进修过，所以对大陆不陌生。老师听说有大陆学生来修这门课，第一天上课时特意穿了一件之前在大陆买的“李宁”运动服，让人觉得很贴心。

2

第一次真正上船艇课紧张又兴奋，吃完午饭后就抓紧时间赶到中餐厅前的校车候车处，前往日月潭的车会在下午1点钟左右经过，下午4点钟再把学生们接回学校。

校车在中潭公路上行驶了半小时后，日月潭赫然出现在眼前。四周起伏的青山静静地拥抱着一池碧绿的湖水，湖水光滑如镜，青山倒映其中。午后的阳光透过云层洒落在山坡和湖面上，光影随着云朵的飘移不断变幻。

“日月潭的水，是心的眼泪。”看着窗外的湖景，脑子里闪过这样一句话。日月潭靠近台湾地理中心埔里，真的很像是台湾的心脏，而这片湖水，也如同人的内心一样柔软又美好。

日月潭的湖岸线曲曲折折，有很多幽深的水湾，通常不会有游客进入。我们上课的地点，就在月潭的一处少有游览船进入的水湾里。

展纬老师带着总共十几个学生来到湖边，湖边的草地上停放着许多艘暨大船艇队的训练用船，每一艘都尖尖长长的，看起来非常专业。而教学使用的船则摆放在湖上的浮板上，一前一后坐两个人。和比赛船对比起来，教学船比较可爱比较呆。

每次课程的前半小时，展纬老师会教授划船技巧和做示范，顺便还会讲解日月潭周围的风景名胜(摆明了就是“船艇＋观光”课嘛）。讲解完成之后，大家就可以穿上救生衣，两人一组地开始到湖上练习啦！

3

个人觉得，上船比划船要难。上船时，要坐前面的同学先站在浮板上，帮忙抓住船身，不让船身晃动，坐后面的同学则半蹲着，慢慢把靠外侧的脚踩到船上，再慢慢坐进船里。坐稳之后，前面的同学再按照同样的方法上船。如果重心没有控制好，小船很容易就翻了。而等到两个人都坐稳之后，就可以拿着浮板上的桨，拨水开船了。

我们用桨在浮板推一下，船就在反作用力下离开了浮板。船漂向湖心的一瞬间，心里闪过一丝明显的恐惧，不过恐惧很快就化为抑制不住的兴奋。

“你们这样划不对喔！”划着船的展纬老师跟过来，“不能一个往左拨水、一个往右，要同方向才会快啦！”老师指正我们。

和我搭档的男生也是第一次上船艇课，两个新手虽然都努力地想要让船笔直往前，但船就是不听控制地固定不住方向，行动缓慢。而按照老师的方法划船，船的方向果然就摆正了，而且速度也快很多。

“大家一起划到对岸去喔！”老师向同学们喊一声，然后在前面划走了。

4

船悠悠地行在日月潭上，四周景色如画。微风和煦，一切都安静而美好，坐在船后面的我，忍不住偷偷躺下来。

躺在小船上，才发觉天空如此辽阔。天边有一团团丝絮状的云，像是柔软的纤维。飞机经过后，留下一长串渐渐散开的白烟。侧过脸，与眼睛的高度近乎持平的湖面上，数不清的绿色微澜起起伏伏，在日光下闪烁着翡翠一般的光泽。

慢慢地闭上眼，感受着船在细细的波浪中的左右摆动。隔着小船薄薄的船身，甚至能隐约感受到湖水的温度。微风柔柔地拂过脸，阳光也带来暖意。悠悠天地间，一叶小船飘荡在湖

上，就这样什么也不做，任船随风而行。真是极惬意的事。

小船里的我，觉得自己和日月潭是如此亲近。

“哇！你在干嘛啦！”坐在前面的男生似乎觉得越划越吃力，忍不住回过头来，发现了正在偷懒的我。

赶紧坐起来，发现果然已经与其他组拉开距离。不过一回头，发现还有个一男一女的 2 人组，远远地落在后面。两个人大呼小叫，拼命地用桨拨水，而船却只是不停地在湖心打转。

看着他们狼狈的样子，忍不住笑出了声。

5

老师带着学生们一直划到湖对岸的船屋旁，然后大家把船拖上浮板，去参观船屋。船屋就是建在浮板上的小木屋，月潭的不少水湾都有。走上船屋，才发现确实有人住在里面。船屋主人还在湖里养了鲇鱼，每天熬鲇鱼汤卖给观光客。

船屋生活让人感觉十分新奇。每天睡在漂浮在水面的船屋上，随着波浪的起伏入眠。早晨能看到日月潭变化万千的日出，下午坐在屋外的浮板上，在阳光和微风中喝茶……这样的人生真是美妙。

在船屋休息了半个小时后，老师带着我们返回。回程的时候，有大型游览船竟然开到月潭里来，游览船掀起的大浪让我们的小船恐怖地随着水面上下起伏了一下，如同坐过山车一般。坐前面的男生开玩笑地说："那是你的'同胞'来了。"男生指的是船上的大陆观光客。

现在日月潭的观光客，80%都来自大陆。大陆已经成为日月潭第一大观光客源地。不过虽然大陆游客的到来给台湾的旅游业带来巨大商机，但是大陆游客在台湾民众眼中的形象却一直不怎么好，媒体上也不时有负面报道出现。

看着站在甲板上的游客们，我却突然不知道应该说些什么。

愤怒的黄群

1

工读生固定下来后，阿姨也加大了剥削的力度。以前是每天下班前来检查，如果有做得不够好的地方马上重做，做好了才能下班。现在则不来检查，第二天早上如果发现有她不满意的地方，直接扣工资，一处扣 10 块。而如果要请假，则一定要找到代班的人才可以。如果没有找到代班的人，按 1 天扣 3 天工资计算。

扣工资制度实在让人气愤。在餐厅打工比在其他地方都要累，可是工资却并没有更高。每天超时工作不但没有加班费，而且还会因为做得不够好而扣工资。如果我是台湾学生，我想我早就像其他人一样辞职不干了。

刀俎下的鱼肉，有时只能无可奈何。第一天就因为“没有补洗碗精”而被扣了 10 块钱，第二天又因为“地板很油”被扣了 20 块。即使下班前大家都仔细检查，一个星期下来也免不了要被扣几次。

像这样小打小闹地扣 10 块、20 块，大家也都勉强接受了，可是一个星期后，真正的“大地震”来了。

2

晚上打工的时候，阿姨走到后面的洗碗区来，对我和雯雯板着脸说：“黄群昨天下班忘了关电源！我今天早上过来，厚，厨房里都是瓦斯的气味啊！整个厨房都差点被炸啦！这一次黄群扣 2000 块，小柚和雯雯你们要记住。听到了吗？”

2000 块！怪不得黄群今天一直阴着脸……虽然忘了关电源确实很严重，可是 2000 块足足半个月的工资，阿姨也太狠心了吧？!

等到阿姨去了早餐部那边，黄群走到后面来激动地说：“其实都是阿姨的错！我本来是关了电源的，后来阿姨要煮卤蛋，她自己把电源开了！后来我们都下班了，她自己忘了关电源，还怪我！”

“你没有去找阿姨说吗？”

“我说不过她啊！她就说是我的错啊！”

对于国语讲得不好的黄群来说，要吵赢这位凌厉的阿姨可不是件容易的事。我和雯雯呆呆地站在原地，不知道该怎么安慰她。

“我这个月做完再也不来了！”虽然很生气，黄群也不示弱，“我去‘贵族世家’打工！才不要在这里受气！”

“贵族世家”是镇上的一家牛排店，黄群好像每个周末都去那里工作。有一次星期六下午，我打着伞去图书馆的路上，穿着雨衣的黄群远远朝我打招呼。她的一个朋友正在把机车推出来，应该是正要一起下山去打工。

其实大部分香港学生在台湾都不打工的，黄群是少数。黄群只有一米五左右，非常瘦小，可是却比其他学生更加顽强拼命。黄群说她在大一、大二的时候，因为常常逃课去打工，很多课被“当”了（挂科），现在正面临着延期毕业的现实。

虽然现在不会再像以前那样疯狂地打工，可是平日的晚上和周末的时间还是会四处打工。打工就是黄群的生命啊，一次扣她 2000 块，阿姨实在太过分。

也许黄群有着特殊的成长经历，所以总给人冷冰冰的感觉。但一旦成为朋友之后，会发现黄群其实是个很真诚、很善良的人。我想黄群也一定有一段故事吧，但除了打工的时间，我们也没有多余时间聚在一起聊天。而后来黄群就真的跟阿姨辞职了，而之后，我就很少再见到黄群。

清境奇谈

1

要深入地了解台湾，旅行是不错的方式。而在尚未开放陆客自由行的当时，凭借交换学生的身份却可以提前体验自由行，心里不自觉会有小小赚到的感觉。

趁着秋日天气好，计划重阳节当天，和杜贺一起前往在台湾口碑绝佳，但少有大陆旅行团去到的清境跟合欢山。而杜贺跟我一样，也是一位大陆学生，来自另一所大学的历史系。

重阳节当天刚好是星期六，和杜贺一起坐校车到达镇上的客运总站。总站有一个小小的候车厅，候车厅两侧是国光客运和南投客运的服务点。国光客运经营从埔里往返台北的路线，而南投客运则经营南投县内的路线。候车的人们戴着圆形的小帽，坐在长椅上小声地说话，或是盯着墙壁上运营路线图。车站里很安静。

从埔里前往清境可以搭乘南投客运，每天有十几趟巴士往返于埔里和清境之间。如果要从埔里坐客运前往合欢山，则只有丰原客运“6505路”梨山线巴士。梨山线1天只有1班车，早上8:50从丰原出发，10点左右经过埔里，然后经过雾社、清境、合欢山、大禹岭等站之后，下午2点到达大山深处的梨山镇。返回的巴士则是早上8点在梨山开车，第二天下午2点回到丰原。

从已有的信息来说，从清境到合欢山，只能搭乘梨山线巴士。不过像这样有名的旅游景点之间，一定有供游客乘坐的接驳巴士吧？至少大陆的许多景区有。不如先坐南投客运巴士去清境游玩，再坐旅游接驳巴士去合欢山。

2

周末出游的人不少，从埔里开往清境的巴士里坐满了乘客。大部分的台湾人都更喜欢自己开车或骑机车出行，搭乘大众交通的人不多，常常会见到一辆巴士里只有4、5位乘客的尴尬状况。看到这样坐满了乘客的车，心里也为客运公司感到高兴。

车子离开埔里之后，慢慢进入到台湾中部山区，平坦的公路渐渐险峻，在山间一个接一个地转弯。双车道有时还会随地形而突然缩窄成单车道，无法想象两车相遇时该怎么办。拉开窗帘，右侧车窗外出现壮阔的景色。群峰起伏的中央山脉，犹如起伏的绿色波澜。清晨的云雾还缭绕在山间未散去，阳光却已经升得很高了。而近处，车道旁就是惊心动魄的陡崖，陡崖下是流着溪水的深谷，似乎只要司机一个疏忽，车子就会从山腰上摔落下去。

公路沿途的地名也颇有意思，比如“雾社”，是因为所处的位置常年笼罩在山间雾气中而得名，是日据时代留下来的名字。在雾社还发生过历史上著名的“雾社事件”，电影《赛德克·巴莱》就是根据雾社事件改编而成。过了雾社后，天空渐渐晴朗，于是日本人把这一片地区命名为“见晴”。立体地看，来到见晴，就身处云层之上了。（雾社的海拔在1100米左右，是山间多云雾的高度。而到了“见晴”，海拔升至1700米，且又处在中央山脉干燥的背风坡，所以多晴朗的好天气）

1967年，蒋经国来到见晴，觉得这里“清新空气任君取，境地优雅是仙居”，于是将“见晴”更名为“清境”，“见晴农场”也改称“清境农场”，并沿用至今。“见晴”和“清境”，各有韵味。

巴士在山间行驶了一会儿，前面的山坡上渐渐出现了一幢幢风格各异的欧式别墅，在秋林的掩映中露出尖尖的巧克力色阁楼。山坡的树林和草地上，几只绵羊在低头吃草。一眼望去，如同进入了阿尔卑斯山区。这，就是传说中的清境了。

我们在路边一家7-11旁下车。在封闭的车里坐了一个多小时后，觉得外面的空气分外清新。山间的风吹来，带来秋日森林的气息。黄色的叶子、红色的叶子、绿色的叶子，眼睛看到各种各样的颜色。

周末的观光客非常多，路上汽车、机车一辆接一辆地驶过，大多是开车出游的台湾家庭，还有不少骑重型机车、一身劲酷皮衣的机车族，十分拉风。四下张望，唯独没有了扬着小旗的大陆旅游团的身影。清境可以算是台湾人的私房观光地。

清境总面积约 800 公顷，而农场就占了 760 公顷。这处高山上的农场原本只是作为单纯的农场经营，但随着全岛旅游业的发展，这里逐渐成为台湾最著名的一处观光农场。尤其到了夏季，当平地地区的温度高达 37℃、38℃的时候，高山上的清境却只有 25℃、26℃，吸引了大量前来避暑的人群。

3

杜贺和我沿着公路一路走到游客中心，游客中心附近有国民宾馆、餐饮店、伴手礼店和 7–11。清境的 7–11 除了一些常规商品外，还有许多“清境版”Open 小将（Open 小将是台湾 7–11 的卡通形象）的周边产品贩卖，比如印有 Open 小将在清境玩耍的 T 恤、Open 小将与清境的绵羊在一起的木质明信片、站在清境风车旁的 Open 小将公仔等。这些都只在清境的 7–11 有卖，是统一超商为清境特制的旅游商品。

我们在游客中心拿了一份附有清境地图的导览手册，手册上特别介绍了清境的观光步道。根据地图的提示，我们选择了距离游客中心最近的“步步高升步道”。

步步高升步道，道如其名，是一个需要不断拾级而上的步道，也是人气最高的一条步道。步道开辟在一处较陡的山坡上，秋天的大波斯菊和紫色的野花在路边恣意地开放着。放眼远眺，蓝天下飘浮着一团一团的云，云下是连绵起伏的齐莱山脉（中央山脉的支脉）。冬天的齐莱山上会下雪。站在清境的位置，就能看到“白了头”的齐莱山。而越过齐莱山，就到东部花莲县的秀林乡了。如果没有齐莱山，视线是不是可以一直看到东部的太平洋呢?

近处，台14甲公路蜿蜒地穿行在秋日的山林之中，串联起路边一座座的欧式民宿。每一座民宿的风格都不相同，或有着从林间伸出的北欧式尖塔，或有着地中海风格的明亮色调，或在阁楼外摆上了枫叶饰物，或有着摆满鲜花的阳台。无论从哪个角度看都是赏心悦目的景致。“雅虎奇摩”（“雅虎”网站的台湾版）的旅游频道里经常会有“以为在欧洲，其实在台湾”的民宿介绍，很多都出自清境。

从步道上下来，来到用木头搭建的农场购物区。购物区里的摊位整齐有序地排列在小路两边，卖的大多都是清境农场的土产，如高山水梨、高山蜜苹果、高山蜜柿子、高山高丽菜之类，还有绵羊油、绵羊护手霜、羊毛手套、羊奶冰等各种各样的绵羊制品。

我们在一个小摊上挑选纪念品，附近水果摊的阿伯站在一边，向我们这个小摊的女售货员表演以前金门军队向大陆军队的喊话："大陆的兄弟，你们投降吧！我们的馒头比你们的枕头还大！"女售货员"哈哈"地笑起来，我和杜贺也相视一笑。

杜贺看中了小摊上的几张明信片，指着其中的一张问女售货员："这个多少钱？"

口音露了馅，女售货员反问道："你是不是大陆人？"

"对啊，我们是暨大的交换生。"

听到我们是大陆人，旁边的阿伯吓了一跳："你们是大陆人呀？你们从大陆哪里来？啊，刚刚真是不好意思，我是在开玩笑，在自娱自乐啦～"阿伯连忙解释，我和杜贺都笑着

……
我们是大陆交换学生…
啊…
我刚刚只是在自娱自乐啦哈哈~
这些你们拿去吃吃看!!
不用了…
其实我们一点也不介意,
不过水果真的很好吃

说没关系，觉得很有趣。阿伯不停地解释，然后跑到他的水果摊上拿来一袋水梨、一袋蜜柿子送给我们：“这都是山上产的，你们拿去吃吃看！”女售货员也抓了几颗羊乳糖给我们，我们连忙推辞。但阿伯和女售货员几乎是硬塞过来，说不收心里不安，那我和杜贺只好收下这份心意。

一边在公路上走，一边把阿伯送的水果吃完了。其实我并不喜欢吃柿子，但是阿伯送的柿子却很甜很好吃。

经过有羊群吃草的山坡后，民宿越来越多。走在路上，恍惚间真有身处欧洲小镇的错觉。个人尤其喜欢一座叫“枫叶山庄”的民宿。“枫叶山庄”建在一处斜斜的山坡上，巧妙地将英式与日式的建筑风格融合起来，暗红色的屋顶搭配着白色格子墙壁，看起来既可爱又别致。如果能在里面住上一晚，真是极幸福的事！

4

在清境转了一圈后，接下来准备坐车前往下一站松岗。

我喜欢“松岗”这个地名。松岗，松树的山岗。想来松岗应该有一大片原始松林吧？游完松岗后计划坐车去翠峰，晚上在翠峰住下来，第二天再从翠峰坐车去合欢山。

拿出在埔里总站随手拿的一张南投客运巴士时刻表。按照表上的时间，下午 3 点半会有一辆前往松岗的车经过，而现在才刚过 3 点，还要再等一会儿，于是杜贺和我就随意地在路边坐下来。星期六的下午，身在这样宛若欧洲的高山小镇上。即使是无所事事地坐在路边晒太阳，心里也无比满足。我问杜贺最想去台湾哪里，杜贺回答“台北故宫和台南”。台北故宫是因为里面收藏有大量精美的文物，而台南则是台湾最古老的城市，古迹多多。

果然是历史系的学生，就是喜欢去古迹、遗址、博物馆这样的地方。

等到 3 点半，车却很奇怪地没有来。晚点在台湾是很少见的情况。耐心地又等了十多分钟，依然不见车的影子，实在是不可思议。找到时刻表上的客服电话，打过去询问，客服人员却说车准时开出来了，或许是路上堵车的缘故。

不想再等待下去，我们决定沿着公路继续往前走。如果有车经过，就招手上车。没想到，穿过民宿区和一大片种着高丽菜的农田，路左边赫然出现“松岗派出所”。这就到了松岗吗？原来并不远呢。而我们一路走过来，也始终没有南投客运的车经过。不仅3点半的车没出现，4点的车也不见踪影。难道真的是罕见的大堵车？

已经是下午4点半，太阳将要落山，云雾从山谷里慢慢涌起，感觉四周突然变得好冷，心里也开始紧张不安。按照时刻表，6点钟还有一辆前往翠峰的末班车。这中间1个多小时的时间，不如去参观一下松岗派出所对面的“博望新村”。

和外面光鲜亮丽的民宿比起来，博望新村的房屋就显得平民化许多。想必附近那些菜田也是村民们的土地。奇怪的是，村子里竟然有不少“云南美食”、“摆夷美食”、“傣家风味餐厅”。村子的小路两侧，还有不少宣传“火把节”的小旗子。

火把节不是云南一些少数民族的节日吗？怎么这里也有火把节呢？即使是在埔里和台中，我也从未见过云南美食店，这样高山深处的村子里，怎么会有这么多云南美食店和火把节呢？

于是和杜贺讨论起来。杜贺说，可能这里住有与云南同样的少数民族。我不同意，台湾的原住民族里，并没有傣族或任何一支大陆有的少数民族。但为什么会有傣族餐馆，我也不知道为什么。

在村子一隅，我们发现一座“清境社区发展协会”。进去一看，里面有老照片展览，介绍博望新村的发展历史，让

杜贺兴奋不已。一张张的照片看下来，明白了为什么博望新村会有这么多云南美食店。被杜贺说中了，博望新村里确实住有与云南同样的少数民族。从大陆来到台湾的官兵和家眷中，有 200 多人是来自云南和缅甸一带。他们大部分是少数民族，如傣族（台湾称为“摆夷”）、拉祜族（台湾称为“裸黑”）、栗栗族、哈尼族（台湾称为“阿佧”）、苗族（台湾称为“红苗”）、瑶族（台湾称为“瑶家”）等。台湾用“原住民”指代“少数民族”。但这些从大陆来到台湾的少数民族，并不是原本就居住在台湾的“原住民”，但也不同于汉族。

20世纪60年代，民国政府把这些滇缅少数民族安置在“见晴”，于是有了这座全台海拔最高的“眷村”（安置大陆来台官兵和家属的村落）——海拔 2044 米的博望新村。这些滇缅地区来的人们把家乡的美食和习俗也带来清境，于是有了这么多云南美食小店和清境的火把节。

除了这些来自滇缅地区的少数民族外，其他的一些大陆少数民族在台湾也有，如蒙古族、满族、回族、畲族等。导演钮承泽就是从大陆来到台湾的满族后裔。总体来说，这是人数极少的一个群体，甚至很多台湾人也不知道他们的存在。

博望新村是一座很安宁的小村子，住在村里的人们生活节奏缓慢。他们大多有自己的菜田，日出而作，日落而息。每天呼吸着山里纯净的空气，喝着纯净的山泉水，远离都市喧嚣，独享一份自在。虽然是住在高山里，但生活依然很方便。村子通水通电，走到外面的民宿区还有24小时营业的7-11。有谁比他们更幸福呢？这样的生活真是让人好羡慕。

6

快到6点时，我们从村里出来，等着前往翠峰的巴士。暮色渐浓，不久就要天黑。雾气弥漫在公路上，山谷和远处的齐莱山都在雾气中消失不见。

站在村口等了十多分钟，却怎么也不见车来。一天里好几辆巴士都不见踪影，觉得非常蹊跷。于是再一次打电话询问。电话那头的工作人员还是说巴士已经开出来了，她也不清楚为什么车没有及时到。同时她又很奇怪这天都快黑了，为什么还要去翠峰，那里不过是一个停车场而已。

说实话我也不知道为什么要去翠峰，不过想来翠峰应该也是一座像博望新村这样的村落吧，一定会有住的地方。但听客服阿姨这么一说，心里开始有点动摇。为了证实一下，问了一位路过的司机，他竟然也说天黑了就不要去了，翠峰什么也没有。

天色已经渐黑，巴士又迟迟不来，于是只好和杜贺商量着今天干脆就不去翠峰，在清境住下来好了。杜贺同意了。

计划被打乱的两个人只好沿着公路走回清境游客中心。

从博望新村出发时，天空还有一丝光亮，走着走着天就黑了。可怕的是，从松岗到清境游客中心的公路上竟然没有路灯！而我们也没有带手电筒出来。虽然这时已经是晚上，路上的车辆却依然非常多，速度也比白天更快，让在公路上步行的两人心惊胆战。我一边紧张地靠着路边快步走，一边祈求着不要遇到喝高了的司机。

两个人一前一后地走在山道上，走了不知道多久后，终于来到松岗与游客中心之间的青青草原停车坪。白天经过这里时非常热闹，有不少往返于游客中心与青青草原之间的接驳车出出进进。现在才 7 点不到，应该还有车可坐的。

带着一丝希望走到停车坪内，看到的场景却十分惊悚。白天欢乐的人潮这时通通不见，偌大的停车坪内一片死寂，一个人、一辆车都见不到，甚至连亮着光的地方都没有。

看到这场景，两个人只好赶紧离开。既然无车可坐，接下来的路还是得要自己走。两个人又在公路上提心吊胆地走了将近 40 分钟后，终于远远地看到了游客中心的灯光。

7

回到游客中心，游客已经散尽。还好周围还是有营业中的便利店和小餐馆。有人存在的气息让人微微安心。

我们在游客中心旁的一家小餐馆里点了一个双人份的泡菜小火锅，竟然只要 99 元新台币，出乎意料的便宜。服务生帮我们把小火锅端到餐厅外的太阳伞小桌上，满满一锅都是红肉、蟹棒、泡菜和豆皮等食材，随着沸腾的汤底上下翻滚，让人食欲大开。两个人围着火锅，一边品尝着食物的美味，一边庆幸着平安回来。不一会儿，小火锅就被我们风卷残云般地吃完了。

吃完火锅，开始忧虑起来。原本以为晚上会住在翠峰，现在却还是停留在清境，连晚上要住哪里都不知道。清境几乎都是昂贵的民宿，根本住不起呢。

说起来，这一次的旅行都怪自己准备得太粗糙，光看着地图上几个有意思的地名就出发了，具体情况一无所知。而因为我的失误，又要让杜贺陪着我倒霉。没脾气的杜贺并没有抱怨，让我心里更加过意不去。

火锅吃完没多久，一直晴朗的天空突然下起大雨，两人赶紧跑到旁边的游客中心躲避。山里雨水的声音和在平地听起来不太一样，雨水砸落下来的声音似乎有一种空旷的回声，让人感觉雨区无边无际。看着夜幕中的大雨，想着这雨水如果一直下，第二天爬山的计划可能就得要再考虑了。

好在山雨总是来得快去得也快，20分钟后，雨水慢慢停了，湿润的夜风吹在身上，微微的凉意。不好意思总是站在游客中心，于是和杜贺一起出去走走。

从游客中心一路闲逛到附近的国民宾馆，远远地看到大厅里坐着许多人，于是也好奇地走进去看。大厅里有一个小小的舞台，一个原住民打扮的歌手正唱着一首很轻柔的歌曲，歌声出奇的好听。舞台下面的座位上坐着几十位中老年听众，有些穿着浴衣，很认真地听着。

我们坐在观众的最后排，听歌手一首一首地演唱。演唱间隙歌手做自我介绍，自称是阿里山的王子。“阿里山的少年壮如山”，想到这句歌词，用来形容眼前的歌手也不错。

听了大约半个小时，表演将要结束，于是只好从宾馆里出来。宾馆附近有一家星巴克。我们走进去，坐在沙发上休息，一点点地打发时间。沙发很舒服，想着能这样坐一晚上也很不错。可是到了晚上10点多，咖啡馆也要打烊了，于是我们只好又走出来。

两个人漫无目的地在清境的公路上游荡，路面上覆盖着许多被雨水打落的树叶。整个清境一片漆黑，只有便利商店还亮着灯。车辆和行人这时皆已消失不见，清境恢复原本清静的状态，耳朵还能听到山谷里流水的声音。

在山路上游荡了半个多小时后，最后还是回到了游客中心。工作人员这时已经下班回家了，游客中心也关上了门。不过细心的杜贺发现大门竟然没有锁上！轻轻一推，门就开了，我们又惊又喜。游客中心里有办公电脑、文件、印章之类的东西，看起来应该是工作人员的疏忽。不过我们也因此得到一个临时落脚点，反正没别的地方可去，不如就待在这里吧。

大厅旁边有一个隔间，里面有一张软软的长椅。于是我们就把长椅当床，像流浪人一样躺在上面睡着了。旅行的第一天，以躲在游客中心里入睡告终。

1

第二天早晨6点不到就起来了，杜贺也已经起来。游客中心的工作人员还没有来，我们于是用桌上的旅游纪念章在买到的明信片上盖章，然后小心地关上门离开了。

晚上下过雨的关系，早晨的空气沁人心脾。太阳从对面的山峦上升起来，阳光透过山峰和云朵，泻下金光一片。公路上一个行人都没有，树林里传来各种各样的鸟叫声。

和杜贺去便利商店买关东煮当早餐，整晚工作的店员神情疲惫。

在店里把早餐吃完后，又四处转悠了一下。今天的行程是坐08：20南投客运的巴士去翠峰，然后在翠峰转乘接驳车去合欢山。今天的旅程，应该一切都会很顺利吧。

2

8点左右，我们回到游客中心外，等待着经过的巴士。等到快要08：20的时候，脑子里突然冒出一个想法：还是先向游客中心的工作人员确认一下接驳车的时间比较好！

听说我们要坐接驳车从翠峰前往合欢山，工作人员瞬间没反应过来，他说游客通常都是自己开车或者骑机车去合欢山，翠峰与合欢山之间并没有什么接驳巴士。清境与合欢山之间倒是有"观日出巴士"，不过也早就开走了。

工作人员的回答大出我意料，我于是问他是否有从翠峰前往合欢山的客运巴士。虽然明知道有丰原客运的梨山线巴士，但还是希望他能提供我不知道的新答案。而工作人员却说他也不知道，不过可以帮我在网上查找一下。

一边焦虑着前往翠峰的车马上就要经过了，一边期待着工作人员的答案。工作人员搜了大约5分钟后，给我的答案是除了梨山线巴士，并没有其他客运公司的巴士去合欢山了。

让人有点失望的结果。

“我帮你打印一下哟。”对方微笑着说，一旁的打印机一边“哼哧哼哧”地吐出一张纸。

跟工作人员道谢后，我拿着时刻表一转身，黄色外壳的南投客运巴士在前面公路上一闪而过，呼啸地开走了。

……

等了 2 个小时就为了这趟车，结果竟然这样错过了。

“路上小心哟！”背后传来工作人员的声音。

3

下一班前往翠峰的南投客运巴士要等到 11：00，丰原客运巴士则要等到 11：25。对于等车向来缺乏耐心的我，跟杜贺提议说，我们干脆搭便车去合欢山吧！杜贺有点迟疑，但也没有反对。而我心里其实也没有多少底气。在此之前，唯一一次搭便车的经历是念高中的时候，一次周日下午放假，和两位朋友坐公车进城去（学校在郊区）。站在校门口左等右等不见公车来，一位女生朋友不耐烦了，直接拦住了一辆私家车，请求车主载我们去市区。车主非常大方地开了门，只是坐在副驾驶的女儿一直面露不悦。只是那一次自己并没有出手，而完全是得了朋友的福利。

要自己亲自站在路边拦车可真是考验勇气。我站在游客中心对面的路边，厚着脸皮向过路的车辆招手，但却不见有车停下来，一辆辆径直地往前开走了。招了 5、6 分钟手后自己也开始觉得不好意思，跟杜贺说：“我们先往前走一段再拦车吧。”

往前走了几百米，又在路边停下来招手拦车。这一次很顺利，一辆农用小卡车在我旁边停下来。我们请求司机载我们去合欢山，司机却说他只到松岗。虽然从这里到松岗并不远，不过能搭一段就搭吧。杜贺坐在副驾驶上，我坐在卡车后面露天的货物区。坐定之后，小卡车继续上路了。

觉得这样旅行实在太有趣了～

卡车旅行一直是心里梦寐以求的。坐在没有车顶、没有玻璃窗的卡车后面，比坐在封闭的汽车里更加畅快自在。阳光暖洋洋地洒在身上，微风撩起头发，清境秋日的美景如同画卷一般地在眼前转动，伸手还能抓住一两片转红的枫叶。感觉自己与周围的一切如此亲近。

卡车往前行，经过一位在山路上骑车的单车骑士。骑士身穿捷安特的单车服，带着头盔和黄色眼镜，奋力地踩着单车。坐在车后面的我，看着骑得很辛苦的骑士，对他竖起大拇指。骑士看到我，咧开嘴笑了。

美好的旅程总是短暂，卡车旅行进行了十多分钟后就宣告结束了。司机把车停在松岗派出所前。我们从车上下来，跟司机不停地道谢。司机笑了笑，当作告别，然后开进一条小路不见了。

和卡车司机分别后，我又只好站在路边，再厚着脸皮向过路的汽车司机们招手。无奈好运气总是像马桶里的水，刚冲了一次，要过一段时间才能恢复。我在路边拦了10分钟也没有车主愿意停车，于是又跟杜贺说："我们走一段再拦车吧。"

经过松岗之后，四周的景象就与之前大不同了。公路由山的阳坡转入阴坡，阳光照不进来，感觉很阴冷。公路两侧是山坡和密林，居民屋都消失不见了。而路边突然出现的警示牌也吓死人："小心落石　快速通过"！本来公路上速度极快的汽车就让人冷汗直冒，还要同时留意山坡上的动静，心里更加紧张不安。

一路上还是不时地向过路的汽车挥手，但是始终都没有车主愿意停下来。走在我后面的杜贺一直默不作声。我想他可能后悔跟我出来玩了（笑）。

在山路上紧张地走了将近1个小时，在一处拐角处的后面突然出现了一座大门，走近看，原来是台大的山地实验农场。站在门口，听见值班室里传来电视机的声音。在门口站了许久，很想向里面的值班人员借辆单车，但是这时却怎么也不好意思敲门。

离开了台大农场后，终于走出了恐怖的阴坡，阳光照射在身上，感觉安全了许多。放眼望去，前面是一段又窄弯又多的上坡路。四周都是莽莽的群山，半户人家都没有。杜贺见此景，终于开口说："我们还是拦车吧。"

一边祈祷着好运气已经注满，一边向驶来的汽车挥手。而上天再一次眷顾我们，没过多久，一辆中巴车经过，司机非常贴心地将车门停在我们面前。停稳后车门打开，坐在座

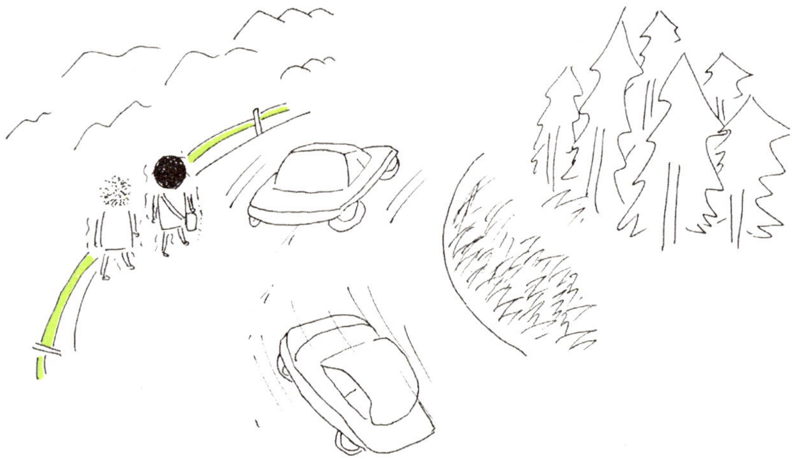

走在车多路又窄的山路上

心里超紧张.

位上的司机回过头来，好奇又疑惑地看着我们。我跟司机说我们想搭车去翠峰，司机听完大方地让我们上车了。上车后，发现车上还坐着3位比我们年长一些的女生，其中有两位也穿着“捷安特”的单车服，朝我们微笑。

司机边开车边告诉我们，说有一个单车队今天挑战从埔里骑车去合欢山，包下这辆车，沿途为他们补给水和食物，以及运送骑不动了的队员。司机很好奇，为什么我们会出现在这样无人的山路上。我们只好把前因后果说了一遍，司机听完说：“我只能答应送你们到翠峰喔～这是别人包的车，你去问问她们，看她们愿不愿意让你们坐到合欢山。”

我们于是询问坐在车里的3位女生，结果3个人都笑嘻嘻地说没问题！

5

巴士在山路上又开了一会儿，然后司机把车停在路边一家水果店外面，说翠峰到了，先在这里停车休息一下，等一等还在后面没赶上来的队员。

原本以为翠峰会是像博望新村一样的小村庄，发现真的除了一个小小的停车处和一个简陋的水果店，什么也没有，四周都是威慑力极强的群山。暗自庆幸头一天晚上没有来翠峰，不然晚上待在这样两千多米的高山上，真不知道该怎么办。而那些无缘由未出现的巴士，会不会也是上天的某种寓意？毕竟好几辆巴士同时误点几个小时，在台湾几乎是不可能发生的事。

我们 6 个人来到水果店里，老板很热情地拿出椅子让我们坐，然后给每个人泡茶。老板和司机熟识，站在门口聊天。穿着便服的女生是一位单车队员的女朋友，拿着相机出去拍照，剩下的两位则在店里挑选南瓜。我和杜贺只好拘谨地坐在椅子上喝着老板的茶。

在翠峰休息完后，我们继续上路。过了翠峰，路边就再没有居住的人家和商店出现。公路穿行在海拔近 3000 米的山腰上，一侧是随时会滚下石头的岩壁，一侧是由较低的山脉、山谷、溪流组成的壮丽图景。而随着海拔越升越高，山上的植被也出现了有趣的变化，由高大的森林慢慢变成低矮的草甸。不过那些草甸并不是真正的草，而是一种竹子。这种细细矮矮的竹子密集地生长在一起，远远看起来就像是草甸一般。我坐在窗边，贪婪地看着窗外美到极致的景色，又庆幸我们没有徒步到这里来。

坐在车里，一路上又看到好多全副武装的单车骑士。有些是车上女生的同伴，她们向外面的同伴们打招呼。巴士在中途停过几次，给队员补充水。有些体力不支的队员干脆上车了，还有一些一直在坚持着。原本以为台湾人只是像电影《练习曲》中的明相那样，沿着海岸线单车环岛，没想到还有这么多人骑着脚踏车上高山。非常佩服他们的勇气和毅力。在平地公路骑车都很辛苦，何况是骑在这样陡峭的山路上。

队员们的目标是这条公路的最高点“武岭”。武岭位于合欢主峰和合欢东峰之间，海拔 3275 米，也是全台湾的公路最高点。而在抵达武岭之前，我们的巴士先在武岭附近的昆阳休息站停下来，买食物、上洗手间都在这里完成。

从车上下来便觉得一阵寒凉。东部太平洋的水汽沿着中央山脉的东侧爬坡，一直爬到山脉最高处的这里，再没有办法继续沿着山坡爬升，只得飘散在天空里。云气重的时候遮天蔽日。没有阳光照射，更觉山上寒气逼人。

隔着一条流淌着溪水的山谷，昆阳停车场的对面就是列入“台湾百岳”之一的合欢东峰。合欢东峰海拔 3421 米，斜斜的山坡上错落地覆盖着墨绿色的森林与颜色稍浅的草

地，看起来像是会有小鹿奔跑于其间。山峰的顶部被冰山与流水侵蚀而留下一道道壮观的沟壑，裸露着大大小小的石头。大山的雄姿一览无遗。

在昆阳休息了十几分钟后，巴士载着我跟杜贺，以及部分骑士，前往终点武岭。武岭位在中央山脉的分水岭上，一侧的溪水向东，注入太平洋，一侧的溪水往西，注入台湾海峡。观光客非常多，四周的山坡上，到处都是跳来跳去的游客，像是占山为王的小猴子。

在武岭逗留了一会儿之后，单车队员们开始各自折叠单车，准备坐车返回埔里。因为不知道还有没有好运气能搭到返回的顺风车，便坐着队员们的车一起返回了。返回的车上，3位女生还特意向其他的队员们介绍我们，说我们是从大陆来的交换学生。大家很好奇地问了许多问题。想到我们没有带食物，还把他们准备的面包和奶茶与我们分享，让人非常感动。

或许是头天晚上没睡好，第二天又这样折腾了半天，坐在返回的车上，竟然不知不觉睡着了。任由巴士从长满竹子的高山上，冲入大树连成的绿涛中。

6

再醒来时，巴士已经开到埔里小镇的外围了。西边的阳光照射在身上，感觉很温暖。巴士停在埔里酒厂的停车场，单车骑士们要在酒厂买一些伴手礼。我们于是跟司机和骑士们道谢、告别，然后走到酒厂大门外，等着返回暨大的校车经过。

一个普通的周末里，发生这么多不普通的事，连自己都觉得如同身处梦中。虽然没有真正爬合欢山，但是却完全没有遗憾。这一路的经历，既看到了中央山脉壮丽的风景，又真切地感受到了台湾人的人情味，收获了这么多意料之外的体验。知足，又心怀感激。

当天晚上我把旅行经历写在 facebook 上，台湾好友琮玮看了之后称赞我的勇气，说他也一直梦想着搭便车旅行，却因为担心会坐上坏人的车而迟迟没有尝试。而我一个大陆学生竟然做到了，他觉得很不可思议。

而我的勇气，其实也只是因为不了解情况的鲁莽决定。如果知道合欢山这样远、中途又没有接驳巴士，我想也不会有这样一次难忘的旅行。

清境和合欢山的海拔高度，都在云雾层之上，所以我将这次的旅途称为“漫步云端”，让本来糊涂慌乱的旅途多一丝浪漫的意味。

文章的结尾，再一次感谢好心相助的司机李文钦先生、可爱的单车骑士们，以及好朋友杜贺的全程陪伴。谢谢！

可可和阿姨

1

黄群走后，阿姨把珍珍从早餐部调过来，晚餐部变成了珍珍、可可、雯雯和我四个人。

跟可可的关系虽然比最初要好一点，但还是觉得他讨人厌。可可有时也会自我揭露他的感情逸事，听起来有时也蛮有趣。他说他找算命先生算他的桃花运，算命先生说他在10月里会有“很重要的人”出现。于是进入10月以来，他整个人就草木皆兵。

“那你现在有遇到那个‘很重要的人’吗？”我问。

“是有出现几个啦，不过我不太喜欢他们啊～”可可回答。

“为什么啊？”很好奇。

“其中有一个就超神经的～有次我去教室，路上遇到他和他的几个好朋友，他就冲我喊‘老婆’，然后还跟他朋友们说‘那是我老婆’，我超尴尬的～”

“……”

“他还常常送东西给我啊。”可可意犹未尽。

“送什么啊？”

“什么都送啊，吃的什么的。”

“那你有回送他吗？”

“有啊，我都有做蛋糕给他的～”

“……”

明明就是处在浓情蜜意的恋爱期，还在装烦恼，真让人讨厌。

不过这样的和平时期比较少，大部分时候，整个洗碗区里流弹四射。

黄群还在中餐厅打工的时候，一次我因为答应郁珊去参加他们晚上9点的活动，可是9点到了，工作还剩下一点点没做完，便跑去找阿姨请假，却发现阿姨人不在。而等我回到晚餐部，却发现阿姨不知道什么时候已经站在晚餐部的前台。等我走过去，就被劈头盖脸地臭骂了一顿，什么“你竟然没有经过同意就下班，工读生里面，我还从来没有见过像你这样的”之类的。

当天下班后，黄群偷偷跟我说，阿姨过来看到我不在，就问可可我去哪里了。可可明知道我是去找阿姨，却说我“提前走了”。

另一件事是一次星期一我去了新竹，晚上实在赶不回来，于是打电话给可可，请他帮我代班。可可在电话里竟然很爽快地答应了，让我还在心里小小地感激了一下。等到晚上7点多的时候，我安心地坐在从新竹返回台中的火车上，却接到阿姨打来的电话：“你怎么没来上班？！”

“啊？我让可可帮我代班了啊！”我大吃一惊。

“他没来啊！你在哪里？！”电话那头很火大。

“……我再打个电话给他。”挂了电话之后，赶紧又打给了可可。

“你怎么没有帮我代班啊？！”

“我什么时候答应你了？”回答相当自在。

2

积累了半个学期的怨气，终于有一天晚上爆发了。

当天晚上又是和可可搭配工作。当所有的锅子都洗完了、地也拖了，正准备要下班时，却发现收餐区还有一大筐碗没有推进来洗。

可可：“你怎么没把碗推进来啊？！”

我：“为什么一定要我推啊？！”

可可：“你凶什么凶啊？！”

我：“谁叫你一副臭脸啊！”

可可：“你是要怎样！！”说完，把手里菜篮一摔，冲出去了。

可可冲出去之后就没有再回来，于是珍珍好心地跑到后面来帮我把碗洗完。

下班时，阿姨让珍珍先走，问我发生了什么事。我恼火地把事情的经过跟阿姨讲了一遍。眼前的脸，依然是凌厉的眼神、黑紫色的嘴巴。

可可平常和阿姨关系那么好，又都是台南人，我原本以为阿姨一定会说出偏袒可可的话，没想到阿姨听完却说："你应该早点跟阿姨讲啊！阿姨之前就发现不对劲，看到他和雯雯搭配得也不太好。……阿姨会去找他谈，如果他还是那样的话，阿姨会把他换掉。阿姨不能因为他一个人而影响了整个团队！"

出乎我意料的回答，阿姨竟然没有顾及情面。虽然是老乡，但这时阿姨是老板。

阿姨之后又说了一大通安慰我的话。离开的时候，又拿了两个橘子给我。

3

阿姨是个女强人，15 岁就跟了现在的丈夫，两个人走南闯北四处打拼。其间做过很多职业，甚至在饭店里洗厕所：

"你们不要觉得阿姨对你们的要求很高。阿姨以前在饭店里洗厕所，马桶要反复刷好多遍，直到里面的水可以喝为止！"阿姨常常会把她洗厕所的经历拿出来讲。

不知道洗了多久厕所之后，阿姨凭着身为台南人精湛的厨艺，开始在学校的餐厅里开店，辗转过台湾南北很多个学校。阿姨常常回忆她和她丈夫在台北一个高中餐厅里工作时的情景："台北的学生确实比较有钱啊，好多学生都是开'宾士'（"奔驰"）来上课。那个时候生意好到不行啊！阿姨每天凌晨 3 点就要起来熬汤。每天早上那个挤啊，后面的学生担心买不到，直接丢一张一百块的过来，要阿姨留一份三明治和玉米浓汤……不像现在，暨大的学生这么少……"

虽然抱怨现在生意不如从前，阿姨讲起来还是笑嘻嘻。

我常常在心里骂她，觉得她压榨我们这些工读生。可是每当下班时她送水果、送麻糬给我们的时候，心里也会很开心。尤其有一次，阿姨请所有的工读生吃火锅。席间有一位新来的早餐部工读生问每个人从哪里来，问到我时，阿姨直接帮我挡过去："我们小柚是侨生啦。"然后可可又说他有一天在科技学院遇到一位大陆学生，那个学生怎么怎么样，其他工读生听了也都开始聊陆生的话题，阿姨只是坐在一旁笑而不语。低头吃着火锅料的我，心里还是很感谢她的。

我应该感谢她给我一个工作机会吗？在稻禾美食的工作，确实让我在台湾的生活站稳了脚跟，可以对付生活上的问题，也有了一些闲钱可以去旅行。但想到每天都要加班，却从来不给加班费，还经常找理由扣钱，莫名其妙被骂，也总是让我很生气。

对于阿姨而言，给我一份工作或许并不是出于好心，而只是因为需要一个像我一样，从星期一到星期五，每天晚上都能来打工，而且洗碗洗得很快很好的学生而已。我就像是一个机器上的小零件，有时是可以取出来、被别的零件替代的。

对待阿姨的态度，常常会在两端摇摆。

“步步惊心”

1

距离星期二的叫板一天之后，又到了与可可一起工作的星期四晚上。在衣帽间取帽子的时候还在想，阿姨到底有没有把可可换掉。而当我走进晚餐部的洗碗区，发现真的来了一位新的工读生。可可被阿姨换走了。

新的工读生名叫“小诗”。小诗说她是“教政系”（教育政策与行政学系）的大一学生，和雯雯是高中同学。她之前负责在早餐部的前台做三明治，阿姨觉得她很能干，于是把她抓来晚餐部洗碗试试。

听小诗说起话来柔声细语，原本还有点担心她能不能胜任洗碗的工作。可是出人意料的是，小诗洗得很快很干净。

现在可可走了，晚餐部的工读生里，我也算是元老级的人物了。周围的工读生一换再换，只有珍珍和我，开学后不久就在这里打工，一直到现在。这样想起来，还真有点小小的成就感。

而就在我以为从此永远摆脱可可的时候，意外状况出现了。

洗碗区是瓷砖地板，常常油腻腻的，每走一步都感觉像要滑倒。之前洁萍就在里面滑倒过一次。当时我在洗碗，看着洁萍从前面端着菜篮子过来，嘴里正准备说什么，突然整个人“哧溜”滑倒在地上，两只脚插在了烤箱下面的椅子中间，吓我一大跳，赶紧过去把洁萍扶起来。洁萍痛得直哼哼，不过还好最终只是脚扭到而已。

但这一次就严重多了。因为水池里的碗快要洗完，于是我戴上帽子和口罩去外面的收餐区把要洗的碗推进来。3分钟后，当我再次回到洗碗区时，发现小诗已经不见了。

“咦？小诗咧？”我问正在擦前台的珍珍。

“她刚刚滑倒了！我让她去找阿姨了！”

“啊？很严重吗？”

“……她刚从后面走出来时，还那么平静地跟我说‘我好厨房的地板总是很油.

像摔倒了’，我看她手臂上，哇！两个好大的洞啊！血一直在流，吓死人了！”珍珍瞪大眼睛，很激动地说。

听珍珍的描述，好像真的摔得很严重。洗碗区里刀子锅子什么都有，不管撞上什么都是不可想象的后果。真让人担心。

2

当天的碗又是珍珍帮我一起洗了。下班时，阿姨跟我说，小诗摔得很严重，可能两个星期内都不能来上班，所以下周二的工作，还是得要让可可来做。

而每天穿着拖鞋在中餐厅洗碗的我，会不会哪天也摔倒了呢？如果摔得很严重，我既没有台湾人都有的“健保”，身上也没有钱。在这里偷偷打工，阿姨也不会那么好心赔偿我。

身在台湾的我，感觉无依无靠。

台湾，真的是不同于大陆的另一个地方啊……

……而工作还是要继续做下去。

圈套

1

故事的开始是一次在新竹的旅行。或许是靠近海峡的关系，新竹的秋冬季节风很大。虽然穿着厚厚的外套，还是觉得冷飕飕。于是趁着下一班火车的空当，走去迎曦门附近一个颇为知名的小吃店吃料理。

坐下来，点了新竹有名的贡丸和米粉。小店人气很高，又恰好是傍晚时分，之后一些新到的客人就没有座位了，只能找空座和其他客人拼桌。

一个人吃饭的我，很自然成为被拼桌的对象。过来坐在我旁边的是三个中青年男女。看起来是很普通的台湾人，长相和穿着都很大众化。他们在我旁边坐下。老板看到他们便走过来，和其中一个稍微年长的男子聊了几句，什么“这次还是鱼丸汤”、“那个货暂时没有啦，我可能下个礼拜拿给你”，很熟络的样子。然后老板走开，他们自己聊起来。那个稍微年长的男子，其余两个人叫他“松雄大哥”。

松雄大哥和其余两人聊了一会儿，都是些我听不明白的内容。然后他们点的食物端上来，松雄大哥问我要不要吃一点？我拒绝了，不过也因此开始和他们聊天。他们说他们都在台北工作，这次来新竹是因为他们一个朋友研发的一款新产品，是一种高科技食物，含有很难得的某种营养元素云云。

我也顺便介绍自己，说从大陆过来，现在住在南投，趁着假日来新竹旅行。他们很开心，说难得能遇到大陆来的朋友。

“你如果来台北可以找我喔。”

“是啊，松雄大哥家很大呢，住在他家都没问题。”其中一个叫“惠怡”的女生说。

于是后来很自然地互留了联系方式，开心地道别。

2

回到埔里的两个星期后，某天晚上接到惠怡打来的电话，大概意思是说，周六的下午，台北会有一场非常非常难得的演讲，我一定要去听。

"……这个演讲是不对外公开的哦。好多人都想听老师的演讲，可是都没有机会听到呢……这个演讲啊，改变了好多人的命运。"电话那头的惠怡开始声音哽咽，"你知道吗，你真的好幸运，能有机会听到这个老师的演讲……你一定要来啊。"

我以为是某个国际大师来台湾演讲，只有内部人员才有机会去听，而且"改变了好多人的命运"——我也好想被启发一下喔。这么好的机会，当然要去听一听。

于是周六上午，坐车去了台北，找到了惠怡等我的咖啡店。除了惠怡，还有好几个一起去听演讲的朋友，都是年轻的上班族。

"你真是幸运呢，小小年纪可以听到这么精彩的演讲。你知道吗？松雄大哥哦，以前在台北办工厂，结果很不顺呐，赔了好多钱。后来松雄大哥认识了这位老师，受老师启点，现在过得很好呢……"其中一个人说。

等到人都来得差不多了之后，惠怡便带我们去演讲地点。演讲地点在台大校内一栋大楼里的演讲厅。还没靠近大楼，就已经明显感觉到了热烈的气氛。大楼外如同明星的见面会一样，排着一个七拐八拐的蛇形长队。每个人都是手拿着纸笔，兴奋地翘首期盼。

我们每个人交了150块的听课费，然后得到了一个小牌子。惠怡带着我们穿过重重人墙，直接走到楼上的会场大厅里。而从大楼门口一直到会场大厅，也排着可怕的长队。

走到会场里，发现里面已经人山人海。先来的人早已经在座位上坐好。会场后方的空间也站满了人，男女老少，一张张掩饰不住兴奋的脸孔。人们都在欢欣地互相交谈着，然后唰唰唰，在本子上写着什么。

虽然现场的人们都在刻意压低声音讲话，可是现场狂热的气氛完全掩盖不住。从人们的表情和神态能感觉到，这不正常，不像是一个国际大师的演讲现场，更像是秘密地下组织的年会和颁奖礼。

惠怡把我安置在会场中间一个提前占好的座位，然后说她要负责签到就离开了。马上，开始有本子递过来。

“哈啰，你叫什么名字？是谁介绍的？”一个不认识的大叔把本子和笔放在我桌上，热情地说。

“呃……松雄大哥啦。”

“喔？你是松雄大哥介绍的？！”对方露出惊讶又赞叹的表情，“唉哟你好”，对方把手伸过来跟我握手，“松雄大哥很厉害啦，现在已经是我们台北这边的大哥了啦。你写一下你的名字电话地址，我们就认识啦！”

我在本子上写下名字和地址。

马上第二个本子伸过来，是一个大妈，“写一下你的名字和电话喔。”

“你是新来的？”她问我。

“是的。”

“哎呀，年轻人你真有福气～能听到这么好的演讲”，大妈陶醉在当下的情绪中，“我们老师很厉害喔，每个月都可以出国度假！我也是得了她的福气……”大妈顺手递过来一张宣传单，我看了一下，上面一个浓妆艳抹的女人，闪光灯下一脸油光，居然就是今天要来做演讲的“老师”。女人还手挽着她的老公，梳着一个油头，没有任何气质可言。用台湾人的话说，就像是“牛郎店里的牛郎”。宣传单的一角，还有某品牌的标志。

看到那个标志，突然间明白了。听闻该品牌通过不断拉下线，形成金字塔状的销售网络。那现在，我已经变成了松雄大哥的下线了？

突然感觉像是苍蝇飞到嘴巴里一样恶心不舒服。

“松雄大哥说你是大陆来的哦？”又来一个中年男子。

“是啊。”

“我们之前也有大陆的朋友参加喔！有一个东莞的阿嬷啊，本来在菜市场捡垃圾、捡剩菜，我们老师好心点拨了她一下，现在那个阿嬷啊，已经变成东莞的大姐大啦！都不用再去捡垃圾，每年还能出国旅游好几次呢。”中年男子一边讲，一边把他的本子推给我。

会场的人越来越多，座位之间的过道也已经站满了人。我也记不清自己在多少个本子上写过自己的名字、地址和电话。回头看，惠怡正在门口给入场的人签到，松雄大哥正在另一角跟一群人交谈。正是离开的好时机，可是刚要站起来，又觉得“反正已经进来了，听听他们到底在弄什么”也不错，于是又在座位上坐下。

下午两点半，演讲终于开始。在小骚动中，那位传说中的“老师”从会场后方忸怩作态地走过来，厚厚一层的白色粉底上画着两根细细的眉毛，嘴唇则涂着中年妇女最喜欢用的深红色。学员们全都起立拍手，脸上溢满了激动和欢欣。

这位老师走上会场的讲台，跟现场学员们问候。一阵莫名其妙的寒暄过后，开始了对自我成长的剖析。

女老师说自己小时候家里穷，吃不饱饭，家人都小瞧她，可是自己不小瞧自己、很懂得奋发，凭着优异的成绩考上台大，却因为学费太贵读不起而改念师大，理由是师大有夜校，可以白天一边工作挣钱。后来在学校里，认识了现在的老公，老公家里很有钱。“欸，不是我故意要嫁入豪门的耶，是老公家刚好就很有钱！有一个这样爱我又有钱的老公，我当然嫁了！”然后经过艰难的打拼，终于有了“现在的成绩”。我观察了下周围听众的表情，一个个非常投入，神态也极其丰富，随着演讲的内容而露出或喜或悲的表情。

成长剖析完了，台上的老师开始了现在幸福生活的炫耀。“小时候，我就有一个梦想，就是和我心爱的人环游世界。可是，我一直觉得那只是梦想，是不可能实现的……现在，我和我老公，每个月都出国旅行。今年3月，我们去了马尔地夫（台湾把“马尔代夫”翻译为“马尔地夫”），4月去了关岛，5月去日本，6月去加州……大家知道世界上有几大洲、几大洋吗？有五大洲、七大洋！”语气铿锵有力，“除了南极洲我还没去过，其他地方我都去过！”边说边露出得意的神情，台下顿时一片赞叹之声。我暗自觉得好笑，这样简单的地理知识都会弄错，居然还说自己游遍全球。眼光无意间瞟到站在过道上的惠怡，也是满脸向往的神色。“只要你好好努力，你也可以像我一样环游世界！”结尾故意用了一个上扬的语气。说罢，台下掌声雷动，个个像打了鸡血一样疯狂地拍手。

这位做作的女老师演讲完毕，她丈夫接过了麦克风，又是一大串奢华生活的宣导。这轮激动人心的美好生活糖衣炮弹发射完毕，接下来开始了一轮催泪弹轰炸。接下来登场的这位就厉害了，惠怡在咖啡店就跟我提到他，因为小时候患了怪病，右腿的神经出了问题而不受大脑控制，一刻不停地抖动。在满场的掌声中，传奇人物拄着拐杖上了台，右腿确实在剧烈地抖个不停。据他说，他这条腿已经抖了二十多年了。想想右腿一刻不停地抖动，连睡觉都停不下来，这样连续二十年，如果是我，不如截肢算了。

台上的这位传奇人物，说他以前一直觉得自己是个废人，是家人的负担。但被我们的老师点拨之后，他加入了这个队伍，现在已经做到非常上层的位子了，生活衣食无忧，每年出国旅行好几次，还娶了个美貌的妻子。然后他妻子也走上台来，两个人站在一起很恩爱的样子，向大家证明“加入我们公司就是加入幸福”。

这发催泪弹果然很管用，现场的听众们都在拭泪。很奇怪，

那一刻，我觉得周围的人都疯掉了。

我就是没有半点的感动。而演讲做完，又是一阵经久不息的掌声。

4

时间已经过去将近两个钟头，现场气氛越来越不对，周围的人们都已经处于一种如痴如醉的癫狂状态。我第一次看到正常人的脸上会有如此怪异的眼神和表情。而接下来似乎到了快要起立喊口号的时候了，预感再在这里坐下去，恐怕就很难再逃脱，于是弯着腰从人堆里挤到会场后面，发现松雄大哥竟然坐在门口把守会场。我说去下洗手间，快速地溜了出去。而松雄大哥看我的眼神，如同刀锋一般可怕。

一走出大门，迅速地下楼。走到外面人来人往的马路上时，才终于松了一口气。我回头看着这幢台大校园里的大楼，庄严如常。从外面经过的人们或许不会知道，里面是多么狂热的一番景象。

5

每个演讲都是一次或浅或深的催眠。刚刚在现场的那些听众，无疑都被成功催眠了。

而刚刚的会场，也是一个台湾小社会。坐在台下听演讲的听众里面，有菜市场的大婶，有失意的商人，甚至有台大的研究生。人们都奔着财富而去。会沉醉在里面，也是因为心里疯狂地渴望着钱，以及整日吃喝玩乐的生活。所以当演讲者制造出一幅不用工作、每个月都出国旅行的美好前景时，每个人都被吸引住了。

或许每个人都有权利去追寻自己想要的生活，不应当绝对地批判。只是我想，有了钱之后，烦恼或许并不会更少呢。

打着去洗手间的借口逃出来的我，当然没有再回去。而那之后，松雄大哥和惠怡，也再没有联系过我。

4 盲人摸象

透过我的眼睛看台湾.

樱花树下的台湾

1

“全球议题与国际发展”是我喜欢的课。仁海老师在课上播放的电影都很有深度，但主题也大多颇为沉重。回想起来，只有一部日本电影《幸福便当》（“のんちゃんのり弁”，大陆译为“小乃海苔便当”）是在一种欢乐的气氛中看完的。

台湾学生似乎比较喜欢日本文化。看《幸福便当》时，教室里的气氛异常热烈，即使是一个普通的笑点，周围的同学也会笑得前仰后合。而给主人公女儿的一个特写镜头，也会让教室里“卡哇伊～”的感叹声四起。

这便是，亲身感受到的台日间的“亲密关系”。老师们讲课时，也都喜欢参照日本的情况，比如去日本参加研讨会的感受、在东京街头看到的最新科技、日本人严谨的做事风格等。

“如果说菲律宾人做事只做到 30%，我们台湾人做事做到 70%，那日本人就是做到 120%。我们台湾人扫完落叶就走了，而日本人扫完后，还会在树上摇两下，再掉落两片叶子下来，这样显得比较自然、比较有美感。”一位老师介绍说。

2

对于大陆，台湾依然带着很强的不信任感，而对于日本，则更像是一种“兄弟”般的关系。台湾和日本相互免签，持有台湾或日本护照就可以自由往来于台日之间。大部分的台湾人，包括许多阿公阿嬷，都有去日本旅游过的经历。而在台湾开放大陆居民入台观光之前，日本也一直是台湾最大的观光客源地。同时，台湾学生和日本学生还可以利用假期的时间，去对方的地区合法打工旅行。

对于日本和日本人，台湾人的态度近乎于“崇拜”。台湾许多景区的导览手册上，都会印上“连日本人都远道而来”的话，来暗示该景点的旅游品质高。许多台湾本土的产品，也喜欢打出“在日本也畅销”或“日本进口原料”的宣传语，或者是在包装袋上印上日文字样。在苏打绿《相信》的音乐录影带中，还特意给了两个穿和服的日本歌迷一个镜头，以证明“连日本人都喜欢苏打绿的音乐”。以上的这些，都因为在台湾人的观念里，只要是日本人喜欢的东西，一定是非常优秀的。如果台湾的东西得到了日本人的认可，台湾人会分外满足。而如果台湾的东西能反超日本，台湾人就会觉得是莫大的荣耀。

而日本的商品在台湾也非常受欢迎。最受台湾女性青睐的护肤品是日本的SK-II；在台湾市场占有率最高的五个汽车品牌中，丰田、三菱、本田、日产都来自日本（第五个为美国的福特）；台湾的相机市场也完全被佳能、尼康、宾得、理光、索尼、松下、奥林巴斯等日系品牌占领。台湾的电视上，还常能看到全日文的广告，甚至连中文字幕也没有。事实上不是每个台湾人都懂日文，但是完全不用担心，因为台湾人会想办法弄懂那个广告的意思，然后带着崇敬的心情去买。

台湾人对日系品牌的热情，最集中的体现莫过于台湾首家“优衣库”（UNIQLO）门店的开幕。“优衣库”是一家日本的平价服装品牌，2010 年 10 月在台北阪急百货开设了在台湾的首家门店。优衣库的到来让台湾陷入疯狂，连台湾顶级财经杂志《天下》也特意做了一期“UNIQLO 来了！”特辑。开幕当天，有台湾民众晚上 12 点就开始在门口排队，不少学生更是跷课也要买到一件优衣库。汹涌的人潮使得捷运站附近的商圈交通瘫痪，形成台北难得一见的奇景。据统计，开幕当天，小小门店竟然挤进七千多位民众抢购，刷新优衣库在全球各门店的首日纪录。而直到当天打烊，还有众多民众排在门外没能等到入场。台湾民众想要买到优衣库的心情，比大陆民众想要进入世博会中国馆更加热切。

因此，日本的流行风潮总能在第一时间吹入台湾岛内。位于台北西区的西门町，有“台北的原宿”（“原宿”为一东京街区）之称，号称“与东京潮流同步”。在西门町，可以看到许多穿着日本风格制服、用着镶水钻的日本手机的台北高中生。日本歌手的新专辑，在西门町的唱片店内可以同步买到。而台湾乐坛向来就有翻唱日本歌曲的传统，刚出道的台湾艺人，常常被包装以“台湾版××××”作为卖点，从 20 世纪 80 年代被称为“台湾版中森明菜”的金瑞瑶、“台湾版松田圣子”的林慧萍，到出道时被称为“台湾版吉川日奈”的蔡依林和“台湾版星野亚希”的郭书瑶。许多台湾偶像剧，如《流星花园》《花样少年少女》《恶作剧之吻》《战神》《蔷薇之恋》等，也都是从日本漫画改编而来。

而台湾模仿日本的东西更是俯首皆是。日本有“东京巨蛋”、“大阪巨蛋”体育馆，台湾就有“高雄巨蛋”、“台北小巨蛋”体育馆；日本有“JR Pass”铁路通行券，台铁局就推出“TR Pass”环岛周游券；日本 NHK 电视台每年新年夜都有“红白歌合战”，台视就推出除夕夜播出的“台湾超级巨星红白艺能大赏”。而台湾各地的“樱花祭”、“温泉祭”、“鲔鱼祭”等活动，都从日本模仿而来。现在在台湾人气超高的南投“妖怪村”，也是一座典型的日式风味商圈：红色的鸟居、典雅的木屋、日式的红灯笼，身穿和风衣服的店员，日本的太鼓表演……整个妖怪村内，洋溢着浓浓的日本风情，吸引了大量台湾民众前来参观。

这，就是一个真实的台湾。

3

当然，台湾人的“崇日”是有历史原因的。

甲午中日战争之后，台湾被清廷割让给了日本，从此台湾进入到了日据时期。日据时期的前 10 年，台湾各地武装反抗不断，但是均被日本军队镇压。20 世纪 20 年代后，日本对台湾的建设不遗余力，台湾进入了经济发展的黄金时期。西部纵贯铁路、阿里山森林铁路、日月潭水电站、台北帝国大学（今“国立台湾大学”）等，都是日据时期的重要成就。在这样不断的发展下，台湾成为仅次于日本、生活水准亚洲第二高的地区。生活的改善，让台湾人慢慢安于日本的统治。

进入 20 世纪 30 年代后，日本政府通过“台湾总督府”加大对台湾民众的“皇民化”教育，强迫台湾人学日语、使用日文名字、穿和服、在日式学校接受教育。所以直到现在，还是有许多台湾老人，不会说“国语”，但是却会说日语。

长达半个世纪的殖民统治，让许多日本文化元素深深地融入到台湾人的日常生活，也慢慢成为了台湾文化的一部分。所以即使日本战败，在台湾的日本人被遣返，台湾人生活中日本文化的影子并没有因此而完全消失，比如泡温泉的习惯。而我在埔里时，有次参加一对台湾新人的婚宴。酒席上端上桌的第一道菜不是台湾菜，而是生鱼片。错愕之余，不禁感叹日本文化影响之深。

日据时期的台湾，上流社会几乎都是日本人，所以日本文化对于普通台湾人而言，是非常“高贵”的文化，就像法国诺曼底公爵入侵英格兰之后，法国文化在英国十分高贵一样（直到现在，法国人也觉得法语比英语高贵）。这样的历史，加上日本一直以来几乎在各方面都领先于台湾，于是在台湾人的心里，潜移默化地形成了对日本和日本人的崇拜，化为一种“东洋情结”沉淀起来。

这种“东洋情结”是非常有号召力的。2008 年，台湾导演魏德圣的作品《海角七号》，让全台湾都陷入“海角热”当中。一部反映两段“台日之恋”的电影，票房最终达到 5.3 亿元新台币，成为史上票房最高的台湾电影之一。2011 年东日本“3 · 11”大地震之后，台湾人的“东洋情结”再次被唤起。因为在台湾“9 · 21”大地震和“88 风灾”之后，日本都给予台湾极大的援助，于是有台湾议员表示“台湾报答日本的时候到了”。台湾的艺人们积极参与，举办“送爱到日本”赈灾晚会，号召民众为日本灾民捐款。全台湾的捐款总额超过 200 亿日元，成为全世界为日本“3 · 11“大地震捐款总额最高的地区。要知道，台湾不过是一个人口才 2300 万的小岛而已!

不过这种“东洋情结”，也成为台湾人在发展经济时的重大心理障碍。

台湾在脱离了日本的殖民统治之后，还在一直不自觉地追随着日本。因为心里对日本的景仰态度，所以台湾人从来没有想过要超越日本，而甘于跑在日本之后、事事模仿。而北方的韩国则不同。朝鲜半岛被日本占领的 35 年，经济重心放在半岛北部，也就是现在朝鲜境内。韩国将被日本占领的 35 年视为耻辱，把超越日本作为国家目标。带着这样的信念，再加上韩国人自己的努力，韩国现在才有了产值超过索尼 8 倍的三星，打败夏普的 LG，紧追在丰田、本田之后的现代和起亚。而台湾却少有这样的大企业，甚至日本的优势还几乎都是台湾的劣势：日本有众多优秀的汽车品牌，台湾却连一个自主汽车品牌都没有；日本有佳能、尼康、宾得等众多知名的相机品牌，而台湾却只有一个明基；日本的动漫产业全球第一，而台湾连一部叫得出名的动画片都没有，而漫画业也是因为近年部落格（博客）的兴起才在互联网上慢慢发展起来。

心态上的不同，是台湾在日据时期领先于韩国，现在却落后于韩国的一个原因。

我所接触到的台湾人，大多都很怀念曾经的日据时代。虽然处在"总督府"的高压统治之下，可是经济发展迅速、治安良好、民众精神面貌积极向上，不像现在这样略带颓废。对于台湾人而言，虽然日本统治台湾长达半个世纪，但若没有日本在台湾留下来的工业基础，也难有 20 世纪 70 年代台湾的经济起飞。而 20 世纪 30 年代，日军侵华战争发生之时，台湾正在日本的统治下大力发展经济。台湾人难以理解大陆人对于日本的仇恨，大陆人也愤慨台湾人对日本的亲密态度，常常在网上引发两岸的口水战。说起来，都是互相不了解而造成的文化冲突。

5

我心里希望大陆和日本之间的关系能出现转机，毕竟在 20 世纪 70 年代至 80 年代中期，大陆和日本之间同样出现过一段"蜜月期"。那个时期，日本的电视剧、动画片大量进入大陆，大陆还兴起了一股学日语的风潮。但后来因为许多原因，大陆和日本的关系恶化，以至于现在在电视上，除了年代比较久远的日本动画片，就只剩下抗日电视剧了。

我期待着大陆和日本之间能有更多正常的交流，但也不要像台湾这样过于崇拜日本。

台湾……就像一道彩虹

1

要理解台湾的文化，从族群入手是一条捷径。别看台湾这么小——比大陆的许多省份都小，人口也只有 2300 万——还不如一个上海市多，但是台湾确确实实是一个族群的大熔炉。

关于台湾的族群，目前台湾社会主流的观点是分为“四大族群”，即“本省人”（此处取狭义，河洛人）、“外省人”、“客家人”和“原住民”。

2

最早在台湾生活的族群是“原住民”，约等于大陆所说的“高山族”。事实上，原住民并不都生活在高山里，也有原本就生活在平原地区的原住民，他们被统称为“平埔族”。平埔族与后来来到台湾的汉族通婚，汉化严重，现在大多不被台湾官方承认为原住民了。被承认的原住民族目前有 14 支，包括阿美族、泰雅族、赛德克族、卑南族等。在大陆课本中出现过的、居住在日月潭附近、会跳“杵舞”的原住民叫“邵族”；歌曲《高山青》中表现的、“姑娘美如水、少年壮如山”的则是住在阿里山的邹族。不少原住民已经从高山上搬下来了，过起了便利的城镇生活，但还是有一些原住民，选择留在莽莽的大山里。

十多年前在台湾，原住民常常会受人歧视，因为他们收入低，文化教育水平低，皮肤黑，爱喝酒……在许多人眼里，原住民很“野蛮”，未开化。不过这种歧视现在已经好很多了，这不得不提到一个人——张惠妹。

张惠妹出生于台东的一个卑南族部落里，族名叫“古力来·阿密特”。1992 年，张惠妹第一次离开台东，去当时人人向往的台北打拼。曾经在餐厅里打工，也曾在路边摊卖过衣服，直到被张雨生发掘后，推出了迈向巨星之路的首张专辑《姐妹》。《姐妹》在台湾一炮而红，销售量突破百万张，在亚洲范围内突破400万张。1997年，张惠妹推出第二张专辑《Bad Boy》，在台湾的销售量再次突破百万，全亚洲更达到了600万张，让张惠妹成为台湾歌坛最闪耀的新星。此后的张惠妹，便创下一个又一个的纪录，包括1999年在上海体育馆创下的8万名现场观众的纪录，2012年在台北“小巨蛋”创下的连唱8场、场场爆满的纪录，至今无人能打破。

张惠妹从来不避讳自己的原住民身份，并以此为傲。出道之初的《姐妹》一曲中，就加入卑南族的吟唱。2009年更推出以自己卑南族名字命名的专辑《阿密特》，并大获成功。张惠妹的出现，让原住民的音乐受到重视，也让众多优秀的原住民音乐人有机会进入主流音乐圈。

在台湾，张惠妹被视为原住民向上奋斗的象征，而她对于提升原住民地位的努力，确实改变了许多台湾人对于原住民的刻板印象。

3

原住民在岛上生活了上千年后，到了明清时期，从海峡对面的漳州、泉州一带，漂来了一批批讲着闽南语的大陆人。这些大陆人在南台湾的平原地区定居下来，开始了他们在岛上的新生活。

当时的原住民还处于刀耕火种的阶段，而这些外来的闽南人却懂得开垦农田、织布喂养，所以闽南人口在台湾增长迅速，尤其是当郑成功在台湾建立“郑氏王朝”后，闽南人的足迹遍及台湾南北。

而来到台湾的闽南人，与平原地区的原住民“平埔族”通婚普遍，所以闽南人的后代大多都有原住民血统，这也是为什么我觉得许多台湾人的长相与大陆人有所区别的原因。

在台湾，闽南人也叫河洛人。河洛人现在是台湾的第一大族群，占台湾总人口的七成。大部分的河洛人都会说闽南语。

会使用闽南语的人口在台湾占大多数，所以闽南语被定为“台湾话”（台语）。

关于河洛人，不得不提到他们的妈祖信仰。妈祖是航海人的守护神，广东、福建沿海地区的人尤其信奉妈祖。从大陆来到台湾的闽南人，把妈祖信仰也带来了台湾。现在在台湾，有多达 510 座妈祖庙（也叫“天后宫”），成为全世界妈祖庙密度最高的地区之一。而在台湾，还有“三月疯妈祖”的说法。每年农历三月是妈祖的诞辰，台湾各地都会有庙会庆典，如妈祖绕境活动。浩浩荡荡的队伍里，有年长的阿公阿嬷，有年轻的学生，有抱着小孩的妈妈，甚至有上班族。人们祈盼着妈祖能守护这个多灾多难的小岛，保佑幸福平安。妈祖绕境活动已经成为台湾的一大重要文化现象。

4

而如果是四、五月份来到台湾，在不少地方能赶上“客家桐花祭”活动。客家人是台湾的第二大族群，人口约占总人口的 15%，其祖先与闽南人差不多同时间来到台湾。但客家人较少居住在平原地区，而大多居住在桃园、新竹、苗栗等地的丘陵地区。至于为什么要住在丘陵地区，主流的解释是客家人在与闽南人的械斗中失利，只好移居丘陵。不过在我看来，客家人在台湾之前，就大多住在广东、福建一带的山区。来到台湾，应该也会选择与原来居住环境相似的地方。

而油桐花则是客家山区很常见的一种花，许多在客家庄长大的小孩，都有在油桐树下玩耍的记忆。而桐花，也承载着客家人深厚的情感。

“20 世纪 70 年代，政府鼓励在北部山区种植，尤其客家人最热衷。因它的树干轻，可做木屐，做火柴棒和木炭。现在树已长大，可砍来利用了，可是现在谁穿木屐，谁用火柴点火，谁烧木炭呢？于是放着满山的油桐树在山上恣意生长，四月盛开美丽的桐花，五月时，花朵落满山林步道，如诗如画！”（杨炳辉《油桐花的客家故事》）为了推广客家文化、带动旅游行销，台湾客委会设立“客家桐花祭”，在多个县市举行。有趣的是，台湾的客家人都来自大陆，但大陆至今没有这种桐花祭活动。

5

因为原住民、河洛人和客家人多在“二战”前就来到台湾，为与“二战”后才来到台湾的大陆人区分，前者被称为“本省人”（广义，狭义的“本省人”仅指河洛人），后者则被称为“外省人”。

外省人大多是“二战”后跟随国民党来到台湾的军民及其后代。台湾的不少名人都是外省人，祖籍在大陆。比如邓丽君祖籍河北，龙应台祖籍湖南，李敖祖籍吉林，李安祖籍江西，林青霞祖籍山东，郭台铭祖籍山西，王伟忠祖籍北京，蔡康永祖籍上海……

现在的台北街头和夜市上，可以看到大量的大陆美食店，山东大饼、北京烤鸭、湖南臭豆腐、新疆羊肉串等，在岛上都能吃到。其中最有代表性的，莫过于大名鼎鼎的“永和豆浆”。20世纪50年代，从山东与河北来到台湾的两位老兵因为思念家乡的豆浆油条，而在台北的永和区开了一家豆浆油条店。让他们没有想到的是，这样的一家小店，最后竟然会发展成一个在大陆广受欢迎的连锁餐饮品牌。当年想要跟随老蒋“反攻大陆”的心愿没有实现，所做的食物却反攻入大陆市场，也算是一了心愿了（笑）。

讲到外省人，还应当讲一讲“眷村”。“眷村”是外省军人及家眷所住的社区，居住在眷村里的人，来自于大陆的天南地北。各个地方的文化在眷村里碰撞、融合，显示出其巨大的威力来。成长在眷村里的小孩，对于大陆文化往往都很熟悉。而能成长在这样多元的文化环境中，也确实是一大幸事。从眷村走出来的名人非常多，比如邓丽君、张雨生、林青霞、王祖贤、张艾嘉、李安、侯孝贤、钮承泽、王伟忠等。

以上就是台湾的四大族群。在台湾搭乘火车或捷运，会听到车厢里依次响起“国语”、台语、客家话、英语四种语言的广播。而在花莲和台东地区，在英语播报过后，还会听到原住民语言的广播，非常有意思。

不过现在在学术界，慢慢出现“五大族群”的划分方式，将“新住民”视为台湾的第五大族群。所谓的“新住民”，大多通过婚姻的方式来到台湾，也就是台湾民众口中的“外籍新娘”。1990年后，嫁来台湾的“外籍新娘”越来越多，从印尼来的就称为“印尼新娘”，从越南来的就称为“越南新娘”，从大陆来的就称为“大陆新娘”。目前“外籍新娘”的总人数已经和原住民人数相近，并且还在不断增加中。

许多外籍新娘带着对婚姻与未来的美梦来到台湾，但是来了之后大多发现落差甚大——男方原来不是台商也不是大款啦、男方原来身体方面有疾病啦、男方原来这么老啦、公婆原来这么凶啦……然而现实已无退路，只得认命。

外籍新娘在台湾整体上处于弱势地位，台湾社会对于外籍新娘的歧视也颇明显。在谈话节目《康熙来了》中，两位主持人也曾经将越南新娘嘲笑过一番。而外籍新娘还常常是家暴的受害者。一些外籍新娘因无法忍受而逃回老家。也有一些很自强的外籍新娘，离婚后独自开店带孩子，让人敬佩。从外籍新娘身上，常能看到从前台湾人的那种硬拼与不服输的精神。

台湾的五大族群，每一个都有自己的特色，构成了一个族群多元、文化多元的台湾。在魏德圣的电影《海角七号》中，这种多元的族群与文化体现得淋漓尽致：代表老一代本省人的“茂伯”，依然还会说日语；代表客家人的“马拉桑”，工作勤奋努力；代表原住民的警察劳马，念念不忘他的“鲁凯公主”；代表外省人的饭店老板，看不起本地人的乐团。而从日本来到台湾工作的友子，则代表日本与台湾的交往。这样多元的文化巧妙地融合在一个故事里，可见导演构思的巧心。现在，也就不难理解魏德圣在接受大陆媒体采访时说的一句话：

“台湾……就像一道彩虹。”

“7–11”与传统柑仔店

1

暨大有一家 7–11 门市，每次在里面买完东西，都会拿到一张长长的发票，时间一长，积累了厚厚一大叠。细细翻阅，发现买得最多的竟然是关东煮，自己都觉得不可思议。但细细想来，关东煮在后来确实到了几乎每天都要买一份的地步。尤其是入冬之后，常常半夜顶着寒气也要下楼去买。一根黑轮和一根米血糕，再添上满满的热汤，既可填充肚子，又可暖手，心里是暖暖的幸福感。

有一段时间过得很困顿，于是买得最多的是面包和“营养口粮”。营养口粮是一种非常紧实的饼干（不是压缩饼干）。虽然吃起来口感很差，没有夹心又硬邦邦，但是确实能果腹，是穷人的好朋友。后来收入稳定了之后就很少再买这种饼干，但是每次在 7–11 看到它，都会让我想起那一段对我来说有着特别意义的时期。

2

台湾是世界上便利店密度最高的地区。小小的台湾岛上有将近 1 万家便利店，从繁华的台北到南部的小乡镇、从居民社区到旅游观光地、从海边的公路两侧到海拔上千米的高山上，都能看到便利店的影子。

便利店在台湾也叫“超商”。目前台湾的“四大超商”分别是“7–11”、“全家”、“莱尔富”和“OK 超商”。7–11 和全家来自日本，莱尔富与 OK 超商则是台湾本土品牌。这四大超商当中，以 7–11 的数量最多，知名度、美誉度最高，所以许多台湾人就直接用 7–11 代指超商。

在台湾，7–11 发展到了几乎无所不能的地步，许多服务甚至日本也没有。从交水电费、ATM 取款、打印复印、预购专辑、书刊杂志、手机充值、网购取货、买火车票、买飞机票、

买演唱会门票，到买零嘴、饮料、关东煮、茶叶蛋、热狗、热包子、拌面、饭团、便当、熟食、日用品、化妆品，哪怕是“年菜”（除夕夜的年夜菜）预订，都可以在这样一个小小的店铺内完成。而部分7–11甚至还提供大陆网站代购、帮忙倒垃圾、免费洗手间的服务。所以在台湾人眼里，7–11就是一个万能的邻居，生活中的一切，几乎都可以在7–11完成。甚至半夜睡不着，还可以去7–11里找店员聊天打发时间，反正它24小时都开在那儿。

3

便利店是在20世纪70年代末进入台湾的，在经过初期的亏损之后，盈利和门店都实现爆发式的增长。不过让人有点遗憾的，是便利店对“柑仔店”（传统杂货铺）的冲击。

在便利店到来之前，台湾各地有众多家庭式经营的柑仔店，就像现在在大陆的城镇、乡间看到的那样。这些柑仔店方便周边邻居生活，米面酱油零嘴等均有供应，与邻里的关系也十分亲密。但是便利店进入台湾后，传统柑仔店在运作效率和服务范围上都不及这些外来连锁商店，以至于渐渐消失在街头。现在那种传统柑仔店在台湾已经不多见了。

虽然 7–11 是如此方便，日常生活中要用到的几乎都能买到，还24小时营业，但是自己却始终更喜欢传统的柑仔店，喜欢柑仔店所散发出来的邻里间的“人情味”。

传统的柑仔店，老板与周围的住户都是几十年的老邻居，彼此的生活习惯都很熟悉，谁家里几口人、喜欢吃什么样的米、用什么样的油，老板都非常清楚。但要便利店的店员去了解这些就不太可能。在便利店工作的都是流水的兵，可能在这家店打工一阵子后就去别的地方了，与街坊邻居间不可能有太深厚的情感联结。而且像 7–11 这样的便利店，其经营目的就是为了营利，就是要赚钱。但对于柑仔店来说，“情”也是很重要的。所以在信任的基础上，会允许赊账这样的交易出现。街坊们来买东西，也并不仅仅是购买这个过程，还包含了在购买当中情感的交流。

所以虽然 7–11 在店面设计、商品摆放、广告宣传等方面都费尽心思，努力要让顾客感觉亲切、温馨，但它能做到的仅仅是“便民”，传统柑仔店所散发的那份“人情味”，7–11 恐怕永远都做不到。

“MIT”

1

有段时间班上流行喝决明子茶，于是也跟风跑去药局买。而为了泡决明子，又特意去大卖场买了一个茶杯。有意思的是，杯子买回来，发现贴纸上写着“Made in China”。再仔细一看，工厂的地址竟然在山东！我从山东大学来到台湾，又在台湾买到山东产的东西，这种感觉真的很奇妙。

在台湾，除了食品之外，“Made in China”的东西几乎无处不在，而且通常比一旁“Made in Taiwan”的东西便宜许多。“廉价”不愧是大陆商品最大的特点。不过很多“Made in Taiwan”的产品也会特意标榜自己的台湾身份，常常可以看到“台湾制造 安全放心”之类的醒目标签，让人觉得颇为讽刺。

如果经济状况不是太差，很多台湾人会倾向于买Made in Taiwan的东西。除了质量比较好之外，也因为许多台湾工厂转移到了大陆，让不少台湾工人失业。购买Made in Taiwan的商品也算是一种对台湾的支持。埔里大街上有一块巨大的公益广告板，上面是许多艺人的形象，鼓励民众支持“MIT”。“MIT”在国际上通常指的是“麻省理工学院”（Massachusetts Institute of Technology），但在台湾，“MIT”指的是“Made in Taiwan”。

而食品领域则完全不会面临大陆产品的竞争。大陆食品安全问题不断，被台湾媒体同步报道，大陆食品在台湾的口碑不太好。事实上我也很少在台湾的商店里看到大陆来的食品。台湾的商店里出售的食品，绝大部分都产自台湾。

2

台湾人比较信赖Made in Taiwan，对台湾的食品从业者有信任。不过，这种信任感在后来的“塑化剂事件”之后被动摇。

2011年3月，台湾“行政院卫生署”的检测员杨明玉在检测食品时，原本检测的项目合格，但细心的她发现了一组异常数据。一般的检测员可能就放过了，但这位52岁的执着大婶却进一步检测，还用下班时间尽职追查，一直到发现了塑化剂DEHP，台湾食品业的巨大黑幕才被揭开。

DEHP是一种有毒的工业用塑化剂，因为价格便宜、稳定度高等原因，被台湾食品业上游的从业人员用来代替棕榈油制成的食品添加剂“起云剂”。这种有毒的添加剂早在20世纪80年代就出现在台湾，首先仅有少数厂家生产，后来大量厂家跟进。而食品业下游的企业大多都使用了这种有毒的添加剂。运动饮料、果汁、茶饮、果冻、果酱等产品均被查出含有塑化剂成分，一时间人心惶惶。

2013年，台湾又爆出“毒淀粉”事件和食用油掺假事件。接二连三的食品安全问题，让“Made in Taiwan”信誉自损。“大陆产”和“台湾产”，或许真的只是半斤八两而已。

我对于台湾人做事的态度，常常在两端徘徊。普遍来说，台湾人做事比大陆人要用心，在细节上考虑得更周全。但同时，我也遇到不少马虎随便的人，尤其是年轻人。许多台湾年轻人做事时有些漫不经心，所以台湾频频出现的乌龙事件就见怪不怪了。比如导弹演习险伤群众、金钟奖典礼颁错奖、地震新闻报错震级、火车漏挂三节车厢、护士将新生儿放错床、手术完后手术刀遗留在病人体内……层出不穷。而这些差错其实都是很容易避免的。工作时多检查一遍、多留个心，就完全不会发生，但为什么就是做不到？

当然，这些乌龙事件都是因为工作时的不细致而导致，但为了赚钱而在食品中加入有害添加剂，让千万人健康受损，恐怕就不是简单的不细致的问题了。但愿台湾依然还是一个有公德心、有人情味的宝岛，但愿这些都只是个别现象。

暨大校园里有一条"梵谷步道"，
后来才知道，"梵谷"就是梵高的意思。

不同的翻译法则

1

白天没有课的时间，常常会去图书馆。如果问我暨大图书馆最让我喜欢的地方是什么，那应该是图书馆内的沙发。比起我们山东大学图书馆内弹簧都被坐断了的沙发，暨大图书馆的沙发实在太舒服太惬意。沙发长短高低各不同，可以躺在沙发上看书、看电视、看电影，更重要的是，不用占位不会挤。

说到看书，一定要说说两岸图书名称翻译上的不同。以村上春树的作品为例。村上春树的处女作“風の歌を聴け”，大陆权威译者林少华先生翻译为“且听风吟”，而台湾的译者翻译为“听风的歌”。相比之下，台湾的译法比较忠实于原意，而林的译法更贴合中文的意境。类似的还有“回転木馬のデッド・ヒート”，林的译法是“旋转木马鏖战记”，而台湾的译法是“回转木马的终端”；“パン屋再襲撃”，林的译法是“再袭面包店”，而台湾的译法是“面包店再袭击”。

也有两岸翻译后意思不一致的情况。比如“中国行きのスロウ・ボート”，林的译法是“去中国的小船”，而台湾的译法是“开往中国的慢船”。“小船”侧重于船体的大小，而“慢船”侧重于船行的速度。“アフターダーク”，林的译法是“天黑以后”，台湾的译法是“黑夜之后”。“天黑以后”意味着黑夜正式降临，而“黑夜之后”表示黑夜即将过去，黎明将来临。“世界の終りとハードボイルド・ワンダーランド”，林的译法是“世界尽头与冷酷仙境”，台湾的译法是“世界末日与冷酷异境”。“世界尽头”是一个空间概念，而“世界末日”则是一个时间概念。“仙境”往往是美好的，而“异境”通常没有这一层意思。

最无法理解的是“意味がなければスイングはない”。林的译法是“没有意义就没有摇摆”，台湾的译法是“给我摇摆，其余免谈”。按照台湾的译法，作者需要的是“摇摆”，而林的译法中，作者需要的是“摇摆的意义”。

英国作家J.K. 罗琳的“Harry Potter”系列作品，两岸的翻译也不一样。第1册“Harry Potter and the Philosopher's Stone”和第2册“Harry Potter and the Chamber of Secrets”，大陆都采用直译的方式译为“哈利·波特与魔法石”、“哈利·波特与密室”，而台湾则添加了一个形容词：“哈利波特－神秘的魔法石”、“哈利波特——消失的密室”。第3册“Harry Potter and the Prisoner of Azkaban”，大陆的译法是“哈利·波特与阿兹卡班的囚徒”，台湾的译法是“哈利波特——阿兹卡班的逃犯”。“囚徒”和“逃犯”，一个还囚禁在监牢里，一个已经逃出来了。第4册“Harry Potter and the Goblet of Fire”和第6册“Harry Potter and the Half-Blood Prince”，大陆都直译为“哈利·波特与火焰杯”与“哈利·波特与混血王子”，台湾则根据剧情译为“哈利波特——火杯的考验”和“哈利波特——混血王子的背叛”。第5册“Harry Potter and the Order of the Phoenix”，大陆译者为了与前几册的中文翻译一致，翻译为“哈

利 · 波特与凤凰会”，“Order”一词就没有翻译进去。而台湾的译法是“哈利波特——凤凰会的密令”，比较符合原意。第 7 册“Harry Potter and the Deathly Hallows”，大陆的译法是“哈利 · 波特与死亡圣器”，台湾的译法是“哈利波特——死神的圣物”，有出入。

从“哈利波特”这一套书的翻译来看，两岸的翻译法则真有点无章可循。

2

台湾的版权保护做得比较好，很难像大陆这样，大家可以在网上免费看电影。所以台湾街头还是有不少影碟出租店。而暨大图书馆的第 1 层，也有一个专门借阅影碟的音像区。因为主题太阴暗而在大陆被禁播的日本电影《死亡笔记》，在架子上赫然摆放着。而李安导演的作品《色 · 戒》的完整版 DVD，也放在架子上供学生自由借阅。

而电影名称上，两岸的译法也有许多不同。英国电影“The King’s Speech”，大陆译为“国王的演讲”，而台湾译为“王者之声：宣战时刻”；美国电影“Pirates of the Caribbean”，大陆译为“加勒比海盗”，而台湾译为“神鬼奇航”；美国电影“Juno”，大陆译为“朱诺”，而台湾则是结合剧情和谐音译为“鸿孕当头”；美剧“Gossip Girl”，大陆译为“绯闻女孩”，而台湾译为“花边教主”。

整体而言，大陆比较多选择直译，而台湾则会基于中文的意境稍作修饰，比如以上列举的 4 个例子。但这也不绝对。美国电影“WALL.E”，大陆走的是“总动员”风格，翻译成“机器人总动员”，而台湾则音译为“瓦力”；美国电影“One Flew Over the Cuckoo’s Nest”，大陆根据剧情翻译为“飞越疯人院”，而台湾直译为“飞越杜鹃窝”，听起来就有点莫明其妙。最古怪的例子是美国电影“The Shawshank Redemption”，大陆的译名是“肖申克的救赎”，而台湾的译名是“刺激1995”，不论是与原题还是与剧情都完全沾不上边，实在有点离谱。

还有许多翻译上的不同，大多是因为是音译的关系，比如电影“Titanic”，大陆音译为“泰坦尼克号”，而台湾音译为“铁达尼号”；电影“Lolita”，大陆音译为“洛丽塔”，台湾音译为“罗莉塔”；美国总统Barack Obama，大陆音译为“奥巴马”，台湾音译为“欧巴马”；荷兰画家Van Gogh，大陆音译为“梵高”，台湾音译为“梵谷”；意大利画家Da Vinci，大陆音译为“达·芬奇”，台湾音译为“达·文西”。

地名的翻译也有许多不同。澳大利亚港都Sydney，大陆译为“悉尼”，很文雅，而台湾译为“雪梨”，听起来有点随随便便；太平洋岛国New Zealand，大陆将“New”意译为“新”，“Zealand”音译为“西兰”，所以“New Zealand”译为“新西兰”，而台湾则纯粹地音译为“纽西兰”。同样的还有美国州名New Jersey，大陆译为“新泽西州”，台湾译为“纽泽西州”，美国南部城市New Orleans，大陆译为“新奥尔良”，台湾译为“纽奥尔良”。而到了New York一词，大陆却没有采用“意译+音译”的方式，两岸同译为“纽约”。

这样看起来，两岸都没有固定的译法规则，通常只是遵照“信、达、雅”的原则，由译者自由发挥。这些不同的译名虽然列举出来比较挺有意思，但现实中却常常会造成一些困扰。如果能有比较一致的中文翻译，两岸在文化交流上会更加便利。

5

旅行的意义

最开心的事，

就是用自己挣的钱去旅行。

翻越中央山脉的小旅行

1

每天走在暨大的校园内，不用抬头，平视就可以看到连绵的中央山脉。上次的合欢山之行，看到了山脉西坡的风光。而如果经过武岭继续往前，可以一直抵达东海岸的花莲。不知道山的另一边会是怎样的风景？

2

由于台湾岛的中部是连绵的高山，东西交通不便，于是“二战”之后，修建了3条横穿中部山脉、贯通东西的“横贯公路”，因地理位置的不同而被称为“北部横贯公路”（“北横”）、“中部横贯公路”（“中横”）和“南部横贯公路”（“南横”）。

3条横贯公路原本都有客运巴士的身影，但由于经济效益长期低下，北横和南横都相继退出客运历史，只剩中横还全程有客运连结。早上08:50在丰原搭乘丰原客运巴士，下午2点到达梨山镇。1个小时后，在梨山镇搭乘花莲客运巴士，下午6点可以到达花莲火车站。西海岸的台中和东海岸的花莲就这样用公路联结起来，这可是很多台湾人都不知道的搭乘线路呢。

这个搭乘客运巴士翻越中央山脉的旅行计划在心里酝酿了好几个星期，一直没有机会实现。直到突然的一个星期六上午，还在考虑着要不要去图书馆，突然想起这个旅行计划，看窗外天气也好，立马决定上路！看时间，已经是早上9点了，而丰原客运巴士会在10：20左右经过埔里。于是抓紧时间装了一些行李，背着一个单肩包就冲去中餐厅外坐校车。

翻越中央山脉的小旅行终于要开始了！

3

坐校车在崎下客运站下车后，四处找寻“中山路三段663

号”，也就是丰原客运的埔里候车处。虽然在谷歌地图上，“663号”就在崎下站附近。可是真正要找到具体位置还真是不容易。沿着中山路，一直走到三菱汽车店也没有看到任何候车的标志。无奈只好返回崎下站，去问问看客运站售票点的老板。

站在门口张望着往来车辆的老板听说我要坐丰原客运的车去梨山，一脸的不敢相信，说没有几个人知道有这班车，而我是怎么知道的！我说我在网路上看到。老板依然很惊讶，手里翻开一个电话本，找到一位司机的号码，然后打电话过去说有位乘客要在埔里上车。打完电话后，老板让我站在路对面的早餐店门口等一下，车马上就开来了。

跟老板道谢之后，我马上跑去马路对面等车。巴士却没有我想象中那么快，等了十几分钟后，一辆米白色小巴士飞快地从埔里基督教医院方向开过来，老板连忙从店里走出来向司机招手，然后比画着手势让我上车。

果然如售票点老板所言，这条线路的经营状况非常惨淡，全车只有一位乘客，是一位中年阿姨。坐在驾驶座上的司机回过头来，问我要去哪里，我回答说梨山。

“欸？你要去梨山做什么？”司机好奇地问，那位阿姨也回过头来看着我。

“我其实是想从梨山转车去花莲啦。”

“花莲？你要去花莲的话，不用坐到梨山，坐到大禹岭就好啦～”司机给我建议。

“可是在大禹岭转车会不会没有座位呀？”很担心要一路站到底。

“哈哈哈！不会啦！那辆车都没有什么人啦。”司机笑起来。

“真的吗？……那我就坐到大禹岭好了。”

司机于是拿起旁边的印票机，按了两下，出来一张车票。从埔里到大禹岭，197 元。而如果是坐到梨山，则要 256 元。

4

买票之后，我找了右侧靠窗的座位坐下来。司机脚踩油门，这辆小巴士就载着我们 3 个人，开始了一趟不同寻常的翻山越岭之旅。

在台湾坐过不少次巴士，大多设备豪华。比如国光客运，车里有舒适的航空座椅，座位上有个人音乐系统，座椅后背有小液晶电视。行驶距离较长的话，车里还有洗手间。而这辆小巴士，以上的设施全部没有，硬邦邦的座椅，可以推开的车窗，更像是我老家的那种乡间巴士，给人一种亲切感。而且巴士非常整洁，里里外外都擦得很干净。看得出虽然是一辆简陋的巴士，司机却很爱惜。

离开小镇后，车慢慢驶入青翠的山区。我将车窗推开，山林间清爽的风吹在身上，树木繁茂的枝叶也不时扫进来，非常贴近自然。

坐在斜前排的阿姨拿出一包彩色的糖，转过身来与我分享。

“你是学生吗？”阿姨问我。

“对啊，我从大陆来。”

“你从大陆来喔？!”阿姨微微惊讶。

“对啊，我是湖南人。”很奇怪，有时会特别想要强调自己的湖南身份，“您有去过大陆吗？”

“我有去过一次耶～我去过你们的北京喔，去参加一次交流会。”阿姨很开心。

“交流会？”

“呵呵，我是在台中教书的国中老师啦。去北京的那次，看到你们的学生念书都好认真喔！那你现在是一个人出来旅行？”

“对啊，我准备去花莲。”

“花莲很漂亮欸。”阿姨点头。

“那您去梨山是做什么？”

“我去看望一位朋友……他在梨山国小教书……”

坐着这样旧式的巴士，去深山的小学里看望老朋友，一定有很多的故事吧？本来想再多问几句，可是坐在斜前排的老师把头转过去，没有再说话。

5

巴士一路经过雾社、清境、翠峰、武岭，看到熟悉的风景。雾社依然弥漫着白茫茫的雾气，清境依然让人误以为来到欧洲，武岭依然有不少在拍照的观光客。

车开过武岭之后，开始一路蜿蜒下坡。两侧的山坡上渐渐长出了高大的针叶木，公路渐渐淹没在暗绿色的森林里。

在林海中开了十几分钟后，公路两边慢慢出现了一座座简陋的小屋，还有一些卖水果的小摊。司机把车停在一家水果店前，跟我说“大禹岭到啦”。我于是提着包下车，司机也走下来，跟店里的阿姨说我等下要坐车去花莲，拜托她帮我留意一下。那位阿姨笑着答应了，然后司机回到座位上，朝我笑了笑，然后开着他的小巴士往梨山方向去了。

巴士开走了，也不见有其他车经过，四周很安静。水果店的阿姨招呼我进店坐，可是我却不太敢相信这位阿姨，没准会

像在大陆常常发生的那样，司机或导游与店家勾结起来宰游客。我站在路边，迟疑了一下，最终还是在店门口的小板凳上坐下来。坐了一会儿之后，觉得既然坐在她店里，不买点东西似乎不太好，于是又站起来，看看她的小摊上卖些什么水果。

和在清境农场看到的差不多，这里卖的也是一些高山蜜苹果、高山水梨、高山高丽菜之类。我跟阿姨说我想买几个苹果，阿姨走到门口来，告诉我有好几种价钱的，每一种是多少钱。我说我买最便宜的那种，她便从最便宜的苹果中拿出一个，用小刀切了一块给我，说“你觉得好吃再买”。而剩下的那大半个苹果，本以为她会留着，切给下一个买苹果的人，结果她自己切了一小块，剩下的递给店里的一个小男孩，让他吃完。

买了一袋苹果，依然无所事事，坐在店里也尴尬，于是沿着水果店旁边的小路，爬上了水果店后面的山坡。

秋日午后的阳光照在一片和缓起伏的山坡上，山上长着高高的针叶木，还有一小片翠绿的草地。有泉水顺着小沟从更远的山上流下来，一直流到山坡下的公路上。草地旁边有一间看起来很简陋的“张妈妈民宿”，淡蓝的炊烟从薄薄的屋顶冒出来。四周宁静祥和，真像是在少女海蒂的世界里。

在草地上坐下来。秋天的阳光温暖和煦，暖洋洋地照在身上。放眼望去，满目都是渺无人烟的莽莽群山，一眼看不到尽头。

6

在山坡上晒了一个多小时太阳之后，还是回到水果店里坐下。虽然在山上晒得有点热，但是坐在店里感觉又有点冷。

过路的车辆不多，店里的生意似乎并不是太好。每次看到有车经过，水果店的阿姨都会起身站在店门口朝汽车挥手，但大部分的时候司机都是不理会地直接开过去。

“山上好冷啊。”我说。

“对啊，最热的时候都要穿两件衣服呢……”阿姨回答我。

虽然我不喜欢炎热的夏天，可是在这样的高山上，连穿短袖的机会都没有，好像也挺难受。

“这是您的小孩吗？”我看着店里的小男孩。

“不是，这是我姐姐的。我姐姐这两天去台北了。”

如果是这样的话，那这位就并不是老板娘了。店里的小男孩冲我做鬼脸，把吃完的苹果核丢在地上，一只小狗跑过来吃掉了。

“他不用去上学吗？”

“这两天放假，就回来了。平常都是住在学校的。”阿姨对我说。

“那他在哪里念书呢？”我想这附近应该没有小学。

“在‘洛韶国小’念书。”

“洛韶啊……离这里好远呢……”从大禹岭到洛韶，坐车至少也要 2 个小时的样子。

每当有车经过，
这位越南阿姨都走到门口挥手。

一直在店外面修卡车的男子这时走进来，冲我笑了笑。男子的嘴唇因为长期嚼槟榔而变得异常鲜红，咧开嘴笑时我在心里吓了一跳，看起来真的有点“血盆大口”的感觉。

“你是大陆人对不对？”男子问我。

“欸？！”我很惊讶，“你怎么知道？”

“哈哈，小时候在眷村长大，那里都是大陆来的人，什么口音我没听过！”男子笑了。

“那您有去过大陆吗？”我问。

“没有，整天都在山上修车啦。”男子说。

“那您知道我是大陆人吗？”我问阿姨。

“她肯定听不出来啦，她是越南来的啦。”男子抢着说，阿姨站在一旁不好意思地笑了。

“您还是不要吃槟榔比较好喔。”我看着男子可怕的嘴唇，忍不住提醒一句。

“就是啊，我都跟他说了好多遍了。”阿姨也说。

“唉！我就这么一个爱好，也被你说了！”男子假装着生气，脸上却还是带着笑容，然后走出去，继续修车了。

原来这是一位“越南新娘”啊。我并没有看出她与台湾人有什么特别不一样的地方。

“您是越南哪里人？”我有点好奇。

“我家在西贡（胡志明市）啦，不过我老家是广东的，后来全家去了越南。”

聊天的过程中，陆续有单车骑士、登山族和开车经过的司机进来买苹果，阿姨都很热情地向他们介绍我。而每次切苹果给他们试吃时，也都特意切一块给我。

真的是一位好心肠的阿姨，可是我之前却表现得像个充满戒备心的冷漠城市人。

阳光越来越倾斜，下午 3 点之后，太阳就渐渐被山挡住，雾气也从山谷里涌上来，感觉周围更冷了。

开往花莲的巴士下午 3 点从梨山出发，4 点经过大禹岭。快到 4 点时，我收拾好东西，站在路边，等候巴士经过。看着水果店的阿姨，为了生计站在门口向来往车辆挥手的身影，真的让人很感动。她的青春，就慢慢消磨在这样终年湿冷的高山里。

原本以为开来的会是像丰原客运的那种旧式巴士，但事实上却是一辆全封闭的甲类大客车，让我有点失望。司机看到有人挥手，在路边慢慢停下来。

我跟阿姨和修车男子道别，阿姨从店里走出来跟我说：“一定要再来哟！”我答应一定会再来，然后走上了车。司机脚踩油门，车加速跑起来。一转弯，老板娘和她的水果店就迅速消失在视线中。

来自越南的阿姨，像其他越南女孩一样，带着能过上美好生活的“台湾梦”来到台湾，最后却每天生活在高山上，向路过的司机兜售水果，让人心生难过。但或许，这可能也是她喜欢的生活呢？我不知道。不过在心里，还是默默地祝福她。

8

这辆开往花莲的巴士上，同样只有一位司机和一位乘客，那位乘客还倒在椅子上睡着了。想起之前还担心在大禹岭上车会找不到座位，自己也觉得可笑。

从梨山去花莲的路段比从埔里到梨山的路段更艰险难走，而且随着海拔越来越低，四周的雾气也越来越重，以至于还没有到洛韶，汽车已经完全包裹在了浓雾中，和背风坡的感觉完全不同。我坐在座位上，紧张地看着车前方。雾气浓得连路都看不清，司机开车却还是非常快，在这样路窄弯多的高山上横冲直撞。

从埔里到梨山的的6505路丰原客运巴士上，只有两位乘客，一路上都没有其他乘客上车。从梨山到花莲的1141路花莲客运巴士上，也只有两位乘客，中途也都没有乘客上车。生意这样惨淡，这两条线路以后会不会被客运公司取消呢？而丰原客运巴士上的那位好心的司机，会不会因此失业呢？坐在车上的我，忍不住担心起来。

9

“和朋友结伴旅行，当然热闹有趣。而创造一段只属于自己的回忆……也很特别。”高木直子在她的作品《一个人生活的每一天》中这么说。虽然这一次没有与好朋友一起出行，但是一个人的旅行，也是一种美妙的体验。

期待已久的翻越中央山脉之旅终于顺利完成，看到了山脉另一侧的景色，了解了山上人们的生活，经历了好几次被陌生人关心和体贴的事情。而这些都是我所没有预料到的。

旅行能有所收获，就不虚此行啦。

由路名所想到的……

在台湾旅行，常常会遇到许多有意思的事情。比如台湾的路名。

在大陆，最常见的路名是“人民路”、“劳动路”、“解放路”、“建设路”、“五一路”、“八一路”等，而台湾最常见的路名是“忠孝路”、“仁爱路”、“信义路”、“和平路”、“中华路”、“中山路”、“民生路”、“民权路”、“自强路”等。如果说大陆的路名体现的是工农兵文化，那台湾的路名体现的则是传统文人文化。“忠孝”、“仁爱”、“信义”、“和平”是孙中山先生所倡导的一套国民道德规范，又称为“八德”。“忠”是对国家的忠，“孝”是对父母的孝，“仁”是对人民的仁，“爱”是对同胞的爱，“信”是做人的信，“义”是对朋友的义，“和平”则是中国人性格里对和平的向往。在孙中山看来，这些是中国人的核心价值观，是必须保存和发扬光大的。

除了这“八德”，国之四维“礼、义、廉、耻”在台湾也是被极为推崇的，是全台湾的学校共通的校训。礼义廉耻出自春秋《管子》，“礼”定贵贱尊卑，“义”为行动准则，“廉”为廉洁方正，“耻”为知耻之心。这是管仲认为的一国人民应有的道德标准和行为准则，对于国家存亡有着重要意义。管仲认为：“一维绝则倾，二维绝则危，三维绝则覆，四维绝则灭。”这对于当今的社会，更是如同警钟一般的训导。

看见“他们”与“她们”的世界

1

龙应台在北大的演讲中，说过这样一段话：

“看一个城市的文明的程度，就看这个城市怎样对待它的精神病人，它对于残障者的服务做到什么地步，它对‘鳏、寡、孤、独’者的照顾到什么程度，它怎样对待所谓的盲流、民工、底层人民。对我而言，这是非常具体的文明的尺度。一个国家文明到哪里，我看这个国家怎么对待外来移民，怎么对待它的少数族群。我观察这个国家的多数如何对待它的少数。”

一个社会不只是由主流群体构成，还包含着形形色色的少数群体。一个文明的社会，应当是各个群体都能在其中和谐共存，即使是微小的声音也能被听见。本文拿出“同志”群体，展示台湾社会对于少数群体的态度。

2

团体社会工作课程中，将全班分为6个团体，每个团体要求完成6次课下团体练习。我所在的团体，大家共同选定出来的主题就是与“同志”议题有关的“Happily Coming Out”（快乐地“出柜”）。每次的练习中，除了“leader”（团体领导者）和“co-leader”（协同领导者）之外，每个成员都要把自己想象成是一个“同志”来参与团体活动。

整体而言，台湾民众对于“同志”群体的接纳程度比较高。全亚洲对待“同志”最友善的三座城市中，台北列入其一（另两个为东京和曼谷）。即使上升到地区政策层面，“同志”议题也已经不再敏感，可以拿出来公开讨论。马英九在第12任“总统”竞选演讲中，被媒体问到其“同志”政策时，表示“不管你是同性恋、异性恋或双性恋，只要你是守法公民，你的自由选择就受到保护。爱是人类永恒的追求”。而台湾“教育部”，也计划将“同志议题”纳入“国小”和“国中”的“性别平等教育”内容中。

不过，虽然台湾社会从整体上对待“同志”群体非常宽容，但不同群体的接纳程度还是不一样。按年龄层划分，接纳度最高的是年轻人，而中老年群体对待“同志”的态度则倾向于保守。而从南北地域来看，北部民众的接纳程度要远高于中南部。中南部大多是农业县市，相对会比较保守一些。

3

台湾社会对于“同志”较为友善，与台湾20多年来的“同志运动”分不开。从1990年，台湾第一个“同志”团体成立，到2003年，台北市政府举办第一届“同志”公民活动“台北同玩节”，到2006年，修改“家暴法”，将“同志”纳入适用对象，再到2007年，修改“就服法”，规定性倾向在职场上不得被歧视……相关的努力一直在持续。而“同志”题材的艺术文化作品，比如白先勇的《孽子》、李安的《喜宴》、《断背山》，易智言的《蓝色大门》，周美玲的《刺青》，陈正道的《盛夏光年》，陈映蓉的《17岁的天空》，傅天余的《带我去远方》等，也让这一群体更多地被大众关注和了解。

4

如果要真实地感受台湾的“同志”文化，游行活动会是最好的方式。

台湾规模最大的“同志”游行活动在台北。第一届台北“同志”游行于2003年举行，是华人世界中的第一次“同志”游行。香港“同志”团体正是受此鼓励，于2008年举办了第一次香港“同志”游行活动，比台北晚了5年。而“同志”游行的参加者，不只是传统意义上的“男同志”（Gay）与“女同志”（Lesbian），而是还包括了双性恋者（Bisexal）和跨性别者（Transgender）在内的“LGBT群体”，以及支持LGBT群体的普通民众。

而从第二届“同志”游行开始，每一届的游行都有由民众票选出的主题，比如2004年的“唤起公民意识”，鼓励“同志”承担社会责任、争取应有的公民权益；2006年的“一同去家游”，希望家庭成员一同出来参加游行；2008年的“骄傲向前行”，鼓励“同志”勇敢接纳自己；2009年的“同志爱很大”，向社会表达“同志”间也有真挚的爱情。而这一年的主题则为“投同志政策一票”，向社会展示“同志”群体的政治实力。

游行活动的当天是星期六，不用打工，刚好可以去台北参加。集合地点在“总统府”前的凯达格兰大道正中央。

当天的凯道上，到处都是穿着五颜六色的衣服的年轻男女，三三两两地凑在一起聊天、四处观望。许多人都是精心打扮，或是背上插着两个很大的蝴蝶翅膀，或是装扮成Lady Gaga，或是把自己打扮成“变装女王”，或是装扮成手拿尖叉的恶魔。而有些人的衣服甚至像是在家自己做的，虽然古怪，但是看得出来很用心。马路的正中央，主办方临时搭建了一个不是特别大的舞台，舞台上有DJ在播放着节奏强劲的电子舞曲。舞台旁有志工在发放扇子、纸巾和宣传手册。人群中还有不少手举牌子的团体负责人，在等待着他们的成员。马路旁边摆着一长列摄像机，有新闻记者在随机对民众进行采访。

这一届的游行活动照例有大量学生团体参加。除了台、成、清、交四大名校的社团外，政大、师大、台科大、海大、世新、辅仁等大学也都有学生社团参加。人群中还有不少白皮肤的外国人，嘴里嚼着口香糖。从日本来的则一律身着蓝色日式浴衣，手拿扇子，脚踩木屐，成为人群中的小小焦点，被别人不停地邀请着合影……

在大陆，我们有端午节、中秋节、青年节、劳动节，可是有多少人是真正在庆祝节日呢？节日的存在，不过是市场上突然出现的某种应景食物，以及节日带来的或长或短的假期。但是在这样一个“同志”游行日里，却看到了一个节日应该有的盛景。游行者是多么精心地打扮自己，站在队伍中是多么兴高采烈。不少人即使是远在日本、香港也要赶过来参加。他们发自内心感到开心，能发出自己的声音，表达自己的诉求。

这才是节日应该有的样子呀。

5

下午2点，游行队伍准时出发。所有参加的团体和个人按照“红、橙、黄、绿、蓝、紫”6种颜色分为6个队伍。走在队伍的最前端的是手扛着枪、打扮成“彩虹战士”的志工，护送着后面巨大的彩虹旗前行。红队紧跟在彩虹旗后面，其他颜色队伍则跟在红队后面。我站在红队的队伍里，随着队伍慢慢往前走，开始了这次别开生面的游行活动。

每一支队伍都有花车开道，花车上站着工作人员，一边播放着音乐，一边带领参与游行的人群呼喊口号。红队的花车里，有一位工作人员自称是台北某高中的老师，而花车后的队伍里，有许多是他的学生。老师带着学生们大喊口号，有些甚至带有性意味，而学生们也都非常配合。

游行队伍先经过“总统府”，然后左拐右拐进入西门町街区。西门町街区是台北最繁华的街区之一，为了支持当天的游行，台北市政府对游行队伍将经过的街道进行交通管制，车辆不得进入，成为“一日步行街”。游行队伍所到之处，两侧商店的店员纷纷跑出来为游行者加油，路人也驻足拍照，或者加入队伍，一起走一段路。

虽然天空不时飘起细雨，但是气氛却热度不减。队伍穿过西门町后，来到台北车站对面的“彩虹3C广场”。主办方想要让6支队伍在这里集合，然后从对面的高楼上拍摄这由3万游行者组成的“彩虹地景”。不过由于队伍过长，率先到达广场上的红队要先等一等。

等待的过程中，有两个男生，时不时地就在眼前晃一下，于是忍不住观察了一阵。两个男生一直很安静，没有怎么说话。高大一点的男生把下巴压在矮一点的男生的头顶上，两只手搂在其腰上。两个人左右摆动着身体，像是跳着某一节奏舒缓的舞步。他们似乎沉醉在这种气氛里，但还是时不时地跳脱出来张望一下，然后在以为没人注意到的时候接吻。

台北下着雨的天气泛起凉意，可是在恋人的眼睛里，雨水也带着浪漫的气息。

6

当天游行队伍回到凯道时，天色已经渐黑。舞台的灯光效果已经全部调试好，晚会随时要开始。而舞台后不远的“总统府”也亮起灯，产生微妙的对比。

曾在 2007 年“总统”大选期间，为了赢得选票而现身支持“同志”游行的马英九，当天晚上并没有再度现身，不过还是有让工作人员送来表示支持的文书。

晚会上有激情火热的表演，也有充满温情的心得分享时刻。主持人邀请了好几位“同志”代表上台，有“男同志”、“女同志”、双性恋者、跨性别者，还特地请到“肢障同志”，以及“同志”小孩的妈妈，分享他们彼此的故事。站在舞台上的代表说着说着开始哽咽，站在台下的观众也为之动容。身为社会当中的少数群体，要在这样一个还略带着歧视的社会当中生存本已不易，要找寻一份属于自己的真爱就更是难上加难。

晚会的最后，由本届“彩虹大使”张惠妹带来压轴表演。马上要看到阿妹，站在人群中的我也忍不住一起尖叫起来。

在全场观众的千呼万唤中，戴着彩虹项链和手环的阿妹终于登台，诚意十足地带来《姐妹》《彩虹》《好胆你就来》等 6 首经典歌曲。现场的人们忘我地跟着大声唱起来，气氛也达到最高潮。

而在演唱前，阿妹还念了一份她提前写好的信。

“……性向是每一个人的权利，更是每一个人的自由。‘同志’代表着热情，‘同志’代表着和平，‘同志’代表着爱……‘同志’有着比别人更丰富、更强大的爱。……其实从你们身上，我看到了很多的勇气，我觉得你们不顾一切地追求自己的幸福，就像彩虹一样，那么样的美丽，那么样的让人着迷，那么样的让人感动。……我觉得这个活动最大的意义是你们让‘同志’在长期的孤独抗战之后，不再孤单，不会委屈。……其实我有没有代言这个‘彩虹大使’，我都会是大家永远的义工。不管是做什么，只要我能够帮助的，我都会第一个举手站起来。”

7

我想，眼前这些花花绿绿的外衣下，是依然敏感又脆弱的内心。

“同志”群体跟其他群体一样，也同样在为这个社会做着点滴贡献。他们渴求破除社会歧视，被社会接纳，但不友善的社会环境却一点点地蚕食着他们的生存空间。有喜欢的人却不敢表白，对于爱情憧憬又怀疑。

这个世界上，每个人都独一无二，都有着各自的特点和喜好，都有权力平等、自由地生活下去。如小S所言：“不能因为别人跟你不同就憎恨他，也不应该因为跟你一样的人比较多，就觉得世界应该长这样。”每一种文化，都有其可爱之处，有其存在的价值和意义。也正因为有这么多缤纷闪耀、各不相同的文化，这个世界才像彩虹一样美丽。

歌手站在台上念着信，站在台下的我，隐约听到有人啜泣的声音。我的右手边，两位不时在眼前晃一下的男生又出现了。我看到两个人的眼睛里，都闪烁着亮晶晶的东西……

援助灾民的台北志工行

1

台湾人喜欢做志工。在台湾，常常会见到做志工的人。街头常常看到“义交”（做交警的志工）在指挥交通；日月潭花火晚会，看到有暨大的学生在帮忙义卖纪念品；朋友的妈妈，在他念小学时就帮忙在社区里做垃圾分类，一直坚持到现在；前台湾“总统府”资政、教育家李家同先生，已经在新竹做了几十年志工，为成绩靠后的小学生补习数学和英文。身为陆生来到台湾，当然也应该像台湾人一样，一起去做志工！

2

第一次参加的活动名称叫“城乡牵手，走出‘88’——大我云端市集”义卖，地点在台北，目的是帮助在“88 水灾”中受灾的高雄六龟乡民和阿里山邹族人民。

说到“88 水灾”，许多大陆民众还有印象。2009 年 8 月，“莫拉克”台风侵袭台湾，打破台湾气象史上多项降雨纪录，造成台湾中南部多处地区出现水灾和泥石流，一些村庄甚至遭受灭顶之灾，死亡人数超过 500 人。因为灾害时间发生在 8 月 8 号前后，所以这次的灾害被称作“88 水灾”。水灾过后，一些台湾编剧和影像工作者组成“大我文创”工作队，进入受灾地区，制作出了大量艺文作品，让其他地区的人民了解灾区的感人故事。而这一次的义卖活动，则是具体帮助灾民推销他们的农产品和手工艺品。

除了我，还有 25 位陆生也陆续报名了。在我们报名之后，活动主办方给每个人发来电子邮件进行确认，并为每个人购买保险、订购午餐便当。虽然只是一日志工，但却考虑得很周到。

从埔里坐汽车到台北要 3 个多小时。为了不迟到，我们当天早上5点就要从暨大出发。许文忠老师已经为我们准备好了校车，而我们要做的，就是早晨5点一定要起床。

3

当天是星期六，早上是被同去的室友叫醒的，大脑迷迷糊糊。看一眼窗外，天还是黑的。

简单地洗漱了一下之后，走去管理学院大楼外。文忠老师和司机已经等候多时，还非常贴心地为每个人准备好了早餐。清点了人数之后，车在微亮的晨光中，向台北出发。

活动的举办地点在“国家戏剧院”旁的生活广场。赶到广场上时，发现一大圈临时帐篷已经搭建完毕。整个会场共有22个展位，每个展位都各有特色，有阿里山“来吉山猪部落”的手工艺品，有“特富野部落”的阿里山咖啡，还有从高雄县六龟乡带来的莲雾、释迦、木瓜、芭乐、香蕉等特色农产品，而村民朋友们则正忙着准备等下要出售的东西。他们从更南部的高雄和嘉义坐车过来，肯定得要更早起床、坐更久的车，真是非常辛苦。

文忠老师找到了主办方的工作人员，为我们每个人拿来了志工服。穿上红色的志工服，感觉还真有点做志工的意思。而一同做志工的还有从台北私立高中“静修女中”来的60位女高中生，每个人都穿着非常漂亮的校服，白衬衫外是深红色的学院派针织衫，搭配黑色的裙子和黑皮鞋，活脱脱就是一群从偶像剧中跑出来的美少女。

我们每个人都被分到一个服务的展位，而我要前往的展位是“余师姐山姜黑糖”。“师姐”的称呼听起来像是深藏秘门武功的武侠人物，但在这里，“师姐”的称呼就如同我们称呼一些人为“师傅”一样，是很普遍的叫法。而这位师姐姓“余”，所以就尊称她为“余师姐”。余师姐是一位精神抖擞的大姐，她的秘门武功是“山姜黑糖”。她的山姜黑糖都是她自己手工做的产品，在台湾黑糖中加入六龟当地产的山姜，冷却后再切成这样小块小块的糖。可以直接吃，也可以泡茶，对于预防感冒也有一定效果。

一同来到余师姐的展位服务的还有静修女中的方婷和欣蒂。像她们这样青春无敌的小女生不应该是像偶像剧中演的那样，每天谈谈恋爱化化妆吗？来做志工会不会太“土气”了呀？于是忍不住问她们：“是你们老师强迫你们来的吗？”，没想到两个人都摇头，说“我们听说有这个活动就都报名了”。这样的回答让我很惊奇。在我念高一的时候，好像大家都没有要做志工的想法。自己的功课都做不完，哪里还有闲情抽一天时间去无偿服务别人呢？

摊位的旁边，主办方还搭建了一个小舞台。正式的义卖之前，这里会先进行一些媒体宣传活动。电影《LOVE》和《艋舺》的导演钮承泽、电影《父后七日》的导演王育麟和刘梓洁都前来为活动义务做宣传，也算是一次志工行动。借着3位大导演的影响力，大家齐心协力为活动揽人气。

4

活动在上午10点准时开始。首先是“推巨石”表演。“巨石”其实是由一些泡沫板做成的，外面再涂上一层灰色的贴纸。扎着头巾的村民们，一边喊着口号，一边推着这颗“巨石”缓缓向前，从余师姐的展位旁，一直推到舞台前。推动巨石，象征着村民们顽强努力、与灾害抗争的精神。而余师姐也站在里面，一起推动巨石向前进。

“推巨石”表演结束后，从静修女中来的60位女生和3位导演为每位村民献上一朵玫瑰花，代表他们对村民们的祝福。而我们这群没有任何准备的陆生，就只能站在原地帮忙照看帐篷。

媒体活动结束后，真正的义卖活动就开始了。师姐在她的摊位前放了一个挺大的钢桶，里面是已经泡好的黑糖茶。师姐让我们自己先喝喝看。我喝了一小杯，甜甜的，又带着

姜的辣味。师姐教我们，如果有顾客过来，就倒上半杯给对方试喝。如果对方觉得不错，就再请他试吃一块黑糖。

活动刚开始的几分钟，人并不是很多，站在展位中的我觉得气氛微微有些尴尬。但是马上，义卖现场就聚集了大批假日人潮，一下子热闹起来。络绎不绝的顾客们一个个摊位细细看，余师姐的摊位前也聚集了很多市民，欣蒂、方婷和我忙个不停地为顾客倒茶试喝，余师姐则一边介绍着山姜黑糖的各种功效。说实话，黑糖中浓浓的姜味并不是每个人都能马上接受的，可是大部分的民众喝了茶之后都会买一包。

一边帮忙为顾客倒茶，欣蒂和方婷一边跟我介绍她们的高中生活，比如课业很多、家长管教很严、对未来很茫然之类。

“我们每天的功课都很多，周末还要去补习班。”欣蒂说。

"台湾高中的课业应该不会很多吧？"大陆的高中课业才多呢。

"公立高中会比较轻松啦~我们私立高中就比较严。"语气中有点无奈。

"以后也不知道要干嘛，不知道要念什么科系好。"方婷也说。

一边聊天的时候，另一位静修的女学生跑过来跟欣蒂和方婷诉苦："啊，我那里的两位大陆女生好凶喔。"脸上是不满的表情。欣蒂和方婷看看我，觉得有点不好意思，于是笑着对她说："没有啦！大陆人很好啦。"

"没关系，不需要刻意这样说啦！"我笑起来。

5

我原本以为导演们接受完媒体的采访之后就会悄悄离开，没想到他们却来到摊位前，和村民们面对面交流。村民们很开心，做志工的学生们也很开心。导演们来到的地方，总是围聚着一大群人。

余师姐的摊位比较靠后，不知道3位导演会不会一一前来，还是象征性地看完几个摊位就走了呢？师姐站在摊位前焦虑地张望了一会儿，然后拿出一个礼盒，在里面装了好几袋黑糖，又装了两瓶梅精和几包洛神花，跟我们说："等下钮承泽导演来的时候我就把这个送给他。"方婷和欣蒂听了惊讶得呆住了，这礼可值上千块钱呢！师姐来台北卖一次挣得也不多，为什么要送这么贵的礼物呢？

而3位大导演竟然十分有诚意地一个摊位一个摊位地看，在每一个摊位前都会和摊主交流一会儿。然后终于，他们来到了余师姐的摊位。

师姐看到导演过来，赶紧拿出准备好的礼盒送上去，让钮承泽也吓了一跳。师姐一边把礼盒塞到导演手里，一边说："希望您能拍一部我们六龟村民的电影……让大家知道我们

跟豆导合了一张影ㄩ

（好像把他画得太帅了）

水灾的故事……”

我站在原处，一时语塞。原来，这就是师姐送礼物给导演的原因。我没有亲历过88水灾，但听说大暴雨连续下四五天，到处山体滑坡，泥石流肆虐，能想象到山民们经历了怎样的苦难和创伤。而水灾过后，还要进行艰难的家园重建。他们觉得自己势单力薄，觉得应该有更多人来了解他们的故事。师姐希望导演能帮助她和村民们。

导演反应过来，不停地谢绝着师姐的礼物，说一定会尽力帮助灾民们，但是礼物不能收。两个人推来推去好久，师姐的礼盒最终还是没能送出去。但是我想师姐的心意和愿望已经成功送达了。

6

余师姐的摊位比我想象中的人气还要高，到了中午12点，师姐带来的黑糖就卖得只剩一点点了。我跟师姐说我也要买一包，拿钱给师姐。师姐很不好意思地说“没有送糖给你，却还要你花钱买”，又把钱塞回给我。我不收，师姐没办法，跟我商量说收下整钞，把零钱拿回给我。

到了用餐时间，主办方用广播通知大家可以去一旁的服务点领取便当和酸奶。吃饭时，欣蒂和她的几位同学坐在我旁边，大家一边吃饭一边闲聊。虽然她们觉得自己每天的生活很乏味，可是在我看来，在台湾做学生真是一大乐事。没有可怕的高考，课下生活又那么丰富，和我的高中时代真是天壤之别。我所念的高中，学生们都得住校，一个星期就只有半天假期。每天从早上 6 点钟学习到晚上 10 点钟，一整天下来头晕晕的，只能眼巴巴地等着星期天下午放假，然后坐着挤满学生的公车去市里逛逛。这样干巴巴的生活我过了 3 年。

我把我的高中生活讲给这些小姑娘们听，她们一个个听呆了："我们老师跟我们讲说，大陆的学生学习都超认真，原来是真的……"

当然是真的。大陆许多偏远山村的学生，过着更加艰苦的生活，我的高中生活可能也不算什么，有对比才会感觉自己生活美好。但愿我的故事能让她们改变一下对目前生活的看法。

吃完便当，大家又干劲十足地帮忙叫卖。下午的人潮和上午一样多，余师姐的山姜黑糖火爆到了极点，让我们几个人彻底忙翻。师姐所有在卖的黑糖被顾客们抢购一空后，为之前的顾客所预留的黑糖也被其他顾客强行买走了。还有顾客爱黑糖心切，把师姐提供给顾客试吃的黑糖也全部买走了。实在没有更多的黑糖可卖，要买的顾客只好把家庭住址写下来，师姐答应回到高雄后，会用宅配寄过去。

期间还遇到好几位好心人。一位姓乌的老师得知我是从大陆来的之后，把他在其他摊位买到的两大串六龟香蕉送给了我。我还在一边不好意思地推辞着，周围的顾客都劝我"快拿着，快拿着，这是老师的心意"；另一位来自花莲的老师也热情地把她的住址写给我，让我到了花莲，一定要去她家玩，可以为我省下住旅店的钱……

义卖会上洋溢着暖暖的人情味，好几次甚至让人感动得要掉眼泪。素不相识的人之间，却好像一家人一样，彼此关心照顾。

7

义卖活动预定在下午4点结束。眼看着快要到结束的时间了，其他一些展位还剩下一点点产品没有卖完，几位静修的女生不知道从哪里找来一个大喇叭，拿着东西就帮村民们巡场叫卖。我觉得她们真的很活泼很可爱，同时又很有责任心。而她们也确实享受着做志工的这个过程，很愿意去帮助这些从南部地区来的灾民。如果她们是被老师强迫而来，又怎么可能会这么积极主动呢？

义卖会结束之后，大家一起帮着拆卸帐篷、收拾器具。师姐对于这次义卖很满意，我们也觉得很开心。虽然台湾人都说台北是座冷漠的城市，可是看到这么多台北市民来捧场，让我觉得台北也同样充满了人情味。

8

傍晚的台北吹起凉风，气氛也变得微微有些伤感。主办方给所有志工送上纪念品，有记事本、明信片、小册子之类。欣蒂主动要帮我和余师姐合影，然后又邀请我和她朋友们一起合影。合影之后，她们就要清点人数离开了。而我们的文忠老师也过来清点人数，然后大家坐车返回南投。

离开广场时，还是忍不住回头。余师姐和其他村民们提着袋子朝他们的游览车走去，穿着好看的校服的静修女学生们还在听老师在说着什么。欣蒂和方婷，站在队伍里，分辨不出来了……

“阿朴”平安夜

1

圣诞节的前一天是星期五。下午上完“教学媒体与操作”课后，去了玲萍老师的研究室。老师忙前忙后地在做着寒假里带学生去菲律宾实习的准备工作。帮着老师把一些大大小小的箱子搬到一侧的储藏室，箱子里都是老师带给菲律宾小孩子的礼物。这些箱子里的礼物，对于台湾学生而言，实在是普通又多见，可是对于菲律宾的孩子们而言，或许就是外面的世界。

把箱子搬完之后，老师开车带我下山，去山下的“阿朴咖啡”。

阿朴咖啡并不是一个商业咖啡馆，而是一个社工站，为小镇上放学后无家长照料的孩子们提供一个学习和玩耍的地方。阿朴咖啡有一位专职的阿姨，除了要辅导孩子们功课、和孩子们做游戏，还要负责阿朴日常的照管。玲萍老师在课堂上多次提到“阿朴咖啡”，有些团体小组的练习也是在阿朴进行，不过我一次也没来过。

2

阿朴咖啡位于镇上一条安静的小街上，十分隐蔽。走进来，阿朴小小的厅室内，摆放着一架钢琴和许多小桌子。墙壁的架子上放了书和布娃娃，还有各种充满童趣的图画。木地板阿姨每天擦得干干净净。一进到里面，就感觉非常温馨。

在阿朴闲坐了一会儿之后，小孩子们就过来了，一个个欢欣雀跃，在屋里面蹦来蹦去，活像一群飞入屋内的小鸟，让刚才还十分安静的阿朴马上热闹起来。同时来的还有 8 位暨大历史系的学生，他们也前来阿朴做志工。当天晚上的活动是做“姜饼屋”，学生们带来了姜饼、果酱、糖果，还有精致的盒子，准备得很用心。

玲萍老师和小孩子们一一拥抱。看得出来，孩子们都非常喜欢有人抱他们。然后阿姨让小孩子们表演唱歌和跳舞，给我们这些“大哥哥、大姐姐”看。当天晚上是平安夜，小孩子们用稚气的童声又蹦又跳地唱了一首《铃儿响叮当》。孩子们是多么开心啊，那是一种身为小孩，在被关心、被爱护中表现出来的纯粹的开心。长大了之后，反而没有办法像他们一样，有人拥抱、有人夸奖就高兴地手舞足蹈。

唱完歌后，大家开始一起做姜饼屋，由一个大孩子带一个小孩子。我带的这位叫“政良”的小朋友很特别，发现他不像其他的小孩子一样嘻嘻笑笑，始终都面无表情。玲萍老师上课时曾经提到过阿朴有一位小孩子，从来没有笑过，看来就是政良了。不管我如何逗他，他始终毫无反应。或许是天生如此，或许是在他小的时候受到极大的刺激、在他心里造成创伤，否则，我真无法解释为什么这样一个天真可爱的小朋友会失去了笑的能力。

孩子们对于做姜饼屋这个活动表现出了极大的热情。除了面无表情的政良外，每个人都非常兴奋，趴在桌子上，聚精会神地搭建着姜饼屋。孩子们的创造力超乎我的想象，屋子的形状、如何做装饰，都是我所想不到的创意。甚至有小孩子用姜饼做成一棵圣诞树，然后在“圣诞树”上涂上各种颜色的果酱，再放几粒彩色糖果，看起来就像是一棵装饰了彩灯、挂了礼物的圣诞树，漂亮极了！

而一旁的大孩子们也都发自内心地感到开心，一边和小朋友说着话，一边帮忙递各种材料。和这样天真无邪的小孩子在一起，烦恼都能暂时抛到一边。做出这样漂亮的姜饼屋，不仅是小孩子，大孩子也很有成就感。

圣诞前夜，带着小朋友一起做姜饼屋，感觉如此安宁祥和。

姜饼屋完成后不久，家长们陆续过来接孩子。看着孩子的作品，家长们也觉得很开心。来接孩子的几乎都是妈妈或者爸爸，只有政良是爷爷来接。看到爷爷来了，政良还是面无表情。

3

相对来说，做志工在大陆还不普遍。最简单有力的理由就是大陆民众的生活压力大。对于学生们而言，已经被考试、考证、考研、考公务员、出国、实习、打工逼得要发疯，少有精力充沛者还能抽出时间去助人。

同样的时间，是用来做一套雅思试题，用来打工挣钱，还是去儿童福利院与小朋友玩耍？每个人都会有自己的取舍。不过还是希望人们的利他行为能更多一点，社会才会比较温暖、比较有人情味。

台北跨年记

1

台湾很多地方都有跨年活动，比如清境羊咩咩跨年、日月潭跨年烟火秀、阿里山迎曙光跨年、太麻里迎曙光跨年等。此外，台北、桃园、台中、台南、高雄等城市也都举办跨年晚会，可选择的活动非常丰富。众多的活动中，最受关注的当然还是台北跨年晚会。除了能看到众多大咖艺人的表演之外，还有万众期待的台北 101 大楼“跨年烟火秀”。

而距离跨年还有 10 多天，新闻上就开始一直播报着台北跨年活动的准备情况。不断蒙太奇表现的“龙形烟火”让人倍感期待。从来没有参加过任何跨年活动的我，忍不住想要去现场看看。

2

打工的时候不忘问雯雯和珍珍，她们会怎么跨年？雯雯说可能会和朋友夜冲去清境，而珍珍则同是去台北，而且她早早地就预订好了 31 号下午从埔里去台北的国光客运车票。

“你要去台北的话就要早点买好票啊，现在国光的票都好像快要卖完了。”珍珍说。

“坐汽车会不会堵车啊？”如果在路上堵太久，在车里跨年的话就气死人了。

“当然会堵啊，每年都会堵。我去年也是坐国光客运去台北，路上堵了 3 个多小时呢。”

“那怎么办啊？今年好像去台北的人更多呢。”满心忧虑。

“没办法啊，堵就堵吧，”珍珍说得很无所谓，“我大一的时候在日月潭跨年，超冷清的。跨年的时候就放了一些烟花，放完大家就各自回家了。还是去台北比较热闹比较好玩啦！”

到了跨年的前一周，气氛开始变得更加躁动不安。从埔里前往台北的国光客运票果然被民众订光，从台中前往台北的台铁车票也所剩无几。去台北跨年过的朋友建议我早点去晚会现场，太晚去的话，“站在后面连舞台都看不到，只能看大荧幕喔”。可惜 12 月 31 号是星期五，下午有考试。而中餐厅的阿姨原本还计划 31 号晚上照常营业，我们都劝阿姨：“大家都回家跨年去了，我们干脆就休息啦！”，阿姨半信半疑，不过最终还是听了我们的建议，决定 31 号晚上不营业。

3

31 号下午进行完考试后已经 3 点多了，带着我的包和相机，坐南投客运巴士前往台铁新乌日站，等着前往台北的列车。有夕阳从对面的原野照射而来，傍晚的风吹着有点冷。看着不远处不断进站出站的高铁列车，忍不住感慨了起来。能坐高铁去台北跨年真是幸福呢。只是从台中坐高铁去台北，要用掉 3 天半的工资，还真是舍不得。

如同一直停留在“B 画笔”阶段、最终如愿以偿进入到了“F 画笔”阶段的高木直子一样，目前尚处在“首选区间车，再是莒光号”阶段的我，也一定会有“首选高铁，再是自强号”的一天吧……

在月台上吹了一个多小时冷风后，终于等来一列前往台北的莒光号进站。车内的座位已经坐得满满当当，还有不少人站在过道上。在台湾坐过许多次火车的我，还是第一次看到这种拥挤的情况。

冬天天黑得特别早。火车开过亮起霓虹灯的街道上空，开过万家灯火的老住宅区。那一个个亮着光的房间，屋里一定是全家温馨地坐在一起看电视吧？或者是朋友们开 party？此刻的我，一个人坐在前往台北的火车上，手里是一瓶快要喝完的水。

微微有点惆怅时，接到好友柠檬打来的电话，问我到台北了没。她说她在宿舍用电脑看台北跨年晚会的直播，杨丞琳已经出场了。听到演唱会已经开场，忍不住又兴奋起来。如果下午没有考试该多好，说不定现在已经站在现场了呢。柠檬说她虽然没有回家，可是家人第二天会来埔里，所以还是很开心。等下可能会去 7-11 买点夜宵，和舍友欢乐一下。

我转过头，看到车窗上倒映出自己的脸。

4

经过万华站后，列车抵达台北车站。我在台北车站下车，并没有注意到台北车站的某一部分已经挤成一团，径直地走中山地下街到预订的旅舍去登记。

旅舍里，一个美国人坐在客厅里喝酒。“你不去跨年吗？”我以为老外也会很热衷这活动。

“太挤啦，我看电视就可以了。”说的英语，大概是这意思。

而当我拿到钥匙，返回台北车站坐捷运去台北 101 时，才发现整个捷运站内黑压压的满满都是人。到处都是穿着厚厚大衣的人们，在排队等着进入电扶梯。

由于跨年夜有交通管制，台北很多路段都不能行车，大部分去台北 101 跨年的人们就只能选择坐捷运前往。本来就是人流量最大的台北车站捷运站遇到这种情况就更是挤得前胸贴后背。很不幸的，我也在其中。

人群十分缓慢地在挪动。虽然又挤又闷移动得又慢，可是却没有人推来推去，没有人大声嚷嚷，依然显得很有秩序。

从电扶梯入口到月台候车处，平常不到 5 分钟就可以走完的路在 31 号晚上竟然花了 1 个多小时的时间。忍不住想，这时如果有人需要去洗手间该怎么办，根本动也没办法动呀。可是在那个时候，好像所有的人都不需要去洗手间了。大家的目标非常一致，就是坐上车，然后离开这里。

已经到了候车处，但要上车还不是那么容易的事。为了疏散人流，平常 5 分钟 1 班的捷运已经变成 1 分钟 1 班，但是捷运是从“永宁站”始发，开到台北车站时已经挤得水泄不通，一次最多也只能上几个人而已。所以虽然来来去去好几列车，可是队伍却还是没怎么移动，于是开始有人在抱怨。就在这时，轨道尽头又亮起车灯，工作人员高兴地跟大家说开来了一列空车。排队的人群听到都欢呼起来，非常开心。

5

到跨年晚会现场原本应该在“市政府站”下车，但是为防止人流过多，跨年当天捷运不停靠市政府站，车内广播提醒乘客在市政府站的前一站“国父纪念馆站”或后一站“永春站”下车，然后再步行到晚会现场。

我在国父纪念馆站下了车，出了捷运站之后，发现到处都是在等待同伴的人。已经分不清东南西北的我问路人 101 的方向在哪里，道谢之后，转过一个路口，看到外墙灯光全部亮起的 101 大楼，璀璨夺目。

来跨年之前，以为可以一直走到 101 大楼下面的我，完全低估了台湾人跨年的热情。还没走几步，发现前面的路口已经被人群挤得结结实实，如同春运的火车一般，再也挤不进去了。

已经放弃了要靠近 101 的念头，只想找到一个可以看到 101 全貌的观景点。在几番努力之下，终于在一处较高的地方安定下来。放眼望去，整个市政府广场和周围的路口上，到处都是密不透风的人群。虽然白天看到的新闻说夜晚的气温只有 5℃，可是在这么多人的簇拥下，广场已经成为一个天然温室，一点都不会感觉冷。

艰难地从包里拿出手机，看一下时间，已经是晚上 11 点多，不到 1 个小时就能看到 101 大楼的跨年烟火了。远远地听到五月天的歌声传过来，却完全看不到舞台在哪里，甚至连大荧幕也看不到。周围的人也都没有在听音乐的意思，大家聊天说笑，又羡慕着街道旁边、站在自家阳台上跨年的

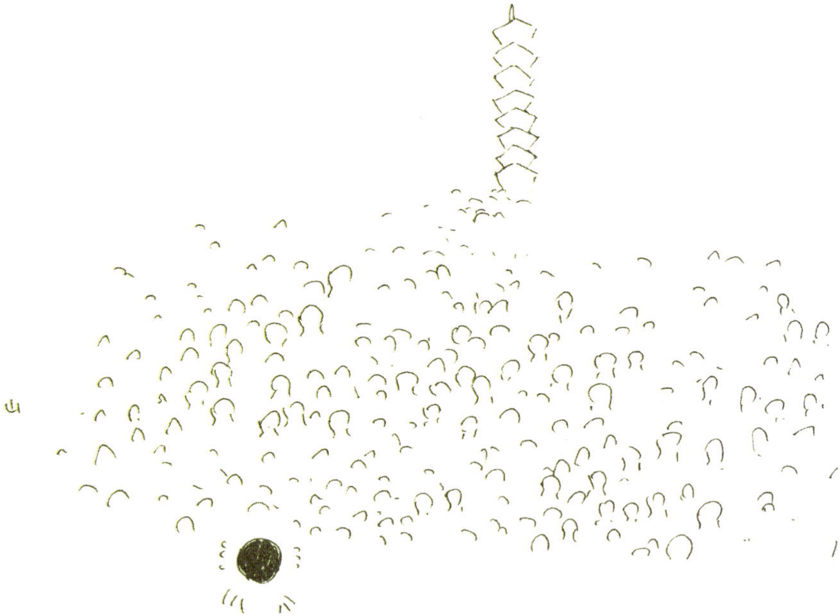

连舞台都不知道在哪……

人们，于是恨恨地说出要在信义区买房子的新年愿望。

情侣拥抱在一起拍照。抱小孩的爸爸让小孩坐在肩膀上，休息一下酸痛的手臂。几位一直在聊天的男男女女，似乎是说到一个什么有趣话题，哈哈大笑起来。

一个人上台北跨年的我，挤在人群中。

去年的这个时候，我所在的城市冰天雪地。那时的我，怎么也不会想到，一年后我会站在台北街头，听着周围台湾腔调的“国语”，和几十万人一起等待着新年倒数。

而一年后的这个时候，我又会在哪里？

计划好的未来往往不会像以为的那样发展，总有意料之外的状况出现。只是这些变幻无常，让人惊喜，有时也让人心力交瘁。

在台湾每天的生活，真正说起来，并不算轻松。只是原本的烦累与压力，慢慢成为习惯。而成为习惯，并不代表就消失了。

而从开始到现在，自己也算是拼了命地努力过了……

那些努力，付出了，也许自己知道了就可以了。可有时候也会希望，有人走过来说一句“你真的很努力”，希望努力可以被看到、被肯定。可是，想象中的人总归于想象而已。这句话从来只是从自己出发，指向自己。

远处的 101 大楼灯火辉煌，音乐声在夜空中摇摆开来。不会有人注意到，远远地站在某个黑暗的角落中的我。

常常想着要积极乐观，不过这时的我，心里面消极的自己又站出来摇旗呐喊。

好像只有我，是一个人出来跨年……

6

终于等到新年倒数前的2分钟，听到主持人开始说废话。101大楼的灯火突然全部熄灭，人群开始激动起来。期待已久的101跨年烟火马上要开始。

新年倒数的声音由远处传过来。

即将过去的一年，那么多不顺心的事。戴着口罩偷偷去打工，常常被阿姨骂，每天的事情都多到做不完，也被同来的陆生诽谤。情绪低落的时候找不到人可以倾诉，面对别人还要强装镇静……

一度怀疑自己来台湾究竟有没有错。虽然如愿以偿地来到了台湾，可是来了之后，不快乐的时间比快乐的时间多。每天辛苦地生活，也不知道是为了什么。

而自认为柔韧的我，终于还是走到今天这一步。站在陌生的街头，陌生人中间，许下新年的愿望。

“……九、八、七……”让明年可以不同一点吧。

“……六、五、四……”不同一点……

“……三、二……”不同一点。

“一！”

“新年快乐!!”人们互相大喊，紧紧拥抱在一起。黑暗中的101大楼突然一片璀璨，烟花从大楼的各个方向绽放开来，夜空中闪烁着不同颜色的流火，彼此交错在一起，然后如彩带一般长长地垂挂下来。101的外墙在一片蓝灰色的烟雾中，不断闪烁变幻出“1”字。而期待已久的龙行烟火最终也不负众望，绕着101大楼盘旋而上，然后变幻了不同的颜色重复了好几次。

烟花的亮光照亮了广场上人们期待的脸，不断有人在尖叫，更多的人在静静地看着。直到最后一刻，烟花一束一束地消失在烟雾中，101大楼的灯光又全数亮起。大楼的最顶端，出现新年的祝福字样。

7

倒数完后，广场上的人群开始渐渐散去。忠孝东路上，回家的人群犹如游行队伍一般壮观。

旅舍里，那个美国人还坐在沙发上喝酒。电视上反复播放着台北101的跨年烟火新闻，据说当天参加台北101跨年晚会的人数突破80万人，达到历年之最。

回到房间，看完烟花表演的激动渐渐散去，惆怅的心情还占据在心里。

吃完了一个面包。熟悉的甜味。

关上灯。没有窗户的房间里，非常黑暗。

新的一年，一定会不一样吧。

一定会不一样。

6 匆匆

每天还是
要打工.

同在台湾的异乡人

1

跨年结束后，我在台湾的时光也走向尾声。剩下来的每一天，对我而言都非常珍贵。

中餐厅的打工依然照常进行着。和刚来的时候相比，这时的我工作时已经游刃有余，还能教刚来的工读生怎么操作。心里很享受这种熟练的感觉，而自己能成为中餐厅这部大机器可靠的一部分，也觉得非常开心。

对于这家餐厅，心里充盈着留恋和不舍。虽然发生过一些不愉快的事情，也有过许多紧张尴尬的时刻，但它毕竟在我窘迫的时候收留了我，给了我一份辛苦，但收入稳定的工作。一同打工的朋友们，并不知道我从大陆来，也不知道我不久就要离开这里。而我自私地知道这一切。我偷偷地在心里表达对他们的感谢，同时决心在离开前一定要说出来。

2

学期末有一个要采访“越南新娘”的任务，是“东南亚社会文化”课程的期末考试。通过面对面的交谈来理解东南亚社会文化，以及这些外籍配偶来到台湾的感受。我们组被分到的是一位叫作“爱娣”的越南新娘。老师事先跟我们打好预防针：爱娣的脾气不太好，访问时，绝对禁止问及婚姻的问题。

组长伯彦事先联系好了爱娣，把访谈时间定在星期三晚上的7点，地点就在爱娣所经营的小吃店里。于是当天晚上，小组成员们就风风火火地从小镇各地赶来，在小吃店对面的麦当劳集合。

从外面看起来，爱娣的小吃店和一般的台湾小吃店无异，装修简单。等到确定小店打烊后，大家一起走进去。不大的店面里，摆放着4、5张小桌，桌上放着一些小碟，装有辣椒和柠檬片。墙上则贴有越南女明星的写真画，浓妆艳抹（后来才知道那是爱娣本人）。店里只有一个自称是爱娣的妹妹的店员在整理料理台，和一个十多岁的小男孩，正坐着看电视。

课堂上智宏老师提到过，在台湾的越南女性之间，常常彼此互称姐妹，互相照顾。这位“爱娣的妹妹”，恐怕与爱娣并没有什么血缘关系。

我们说明来意后，爱娣的妹妹说“姐姐刚刚出去了”，由她来代替姐姐访谈。她招呼大家随便坐，自己也在旁边坐下。大家于是问了一些生活上的困难、是否喜欢台湾、越南的状况、多久回家一次之类的无关痛痒的问题，只有“婚姻”是谁也没有提起的。据说之前有个小组在访谈时，有成员自作聪明地问“我们老师说不能问你的婚姻，你能不能偷偷跟我们讲一下你的婚姻呢”，结果整个小组被轰出来。而这一次，爱娣是不是不想再接受学生们无聊又伤人的访问，而特意让她妹妹来应付我们呢？

爱娣的妹妹倒是非常友善，耐心地一个一个回答，甚至连自己的年龄也都告诉我们。她说她来台湾十多年，现在已经三十多岁了。我们大吃一惊，因为她看起来只有二十四五岁的样子。大家于是纷纷称赞她保养得好，她开心地笑起来。

就在我们的访谈快要结束时，爱娣骑着机车回来了。果然是很凶的样子，脸上完全没有笑容，很难看的脸色。爱娣把机车在店外面停好，然后走进店里，从屋内抱起一摞碗，走去外面的料理台。或许是地板太油，爱娣突然滑倒在地，手中的碗也“哐当”碎了一地。我们都吓了一跳，连忙过去扶她，她什么也没说，也不检查伤口，自己拿来扫把和垃圾盆，把地上的碎片扫干净。

3

爱娣是位坚强独立的女人。因为家里穷，为帮父母还债而通过中介嫁来台湾，得到了一笔当时在台湾只够买一辆机车的钱。而来到以为是天堂的台湾后，生活却没有变得更好。最终因为不堪忍受家庭暴力而与丈夫离婚，然后借钱在镇上开了这家小吃店，以她的手艺在镇上站稳脚跟。现在，爱娣和她的这位“妹妹”两个人支撑着这家小吃店，抚养她儿子的同时，还要汇钱给越南的父母、帮扶其他来到埔里的越南姐妹。

不禁想起在大禹岭遇到的那位越南新娘，和她“姐姐”，她“姐夫”，还有姐姐的小孩一起，住在终年雾气缭绕、阴冷潮湿的高山深处，每天向往来的司机招手卖苹果。她们的青春，在日复一日的辛劳中慢慢流逝。

机缘巧合，在埔里，我还认识一位叫“桃红姐”的“大陆新娘”。更巧的是，桃红姐也是湖南人。因为是老乡，桃红姐对我特别关照，常常为我送来水果、点心，或是请我下山吃饭。不过我也从来没有听她提过她的婚姻，只是从侧面了解到一些破碎的片段。桃红姐嫁来台湾已经十多年，刚来不久就经历了“9 · 21”南投大地震。地震后的埔里一片狼藉。之后与丈夫感情破裂，离婚后独自一人抚养着两个小孩。现在大一点的已经上国中，小的在念国小。后来桃红姐加入了埔里的一个基督教徒生活互助组织。心里有神的保佑，加上教会朋友们的帮助，可能生活会比较顺畅地过下去。

除了越南新娘和大陆新娘，台湾还有许多“印尼新娘”、“菲律宾新娘”等“外籍新娘”、“外籍配偶”。相对于从马来西亚、泰国和新加坡来到台湾的外配，这些从越南、菲律宾、印尼来的外配地位更低。她们大多经历了不幸的婚姻，中文也不熟，只能从事着社会底层的工作，还要被社会歧视。但生命的韧性让她们在台湾坚强地活了下来。从她们的身上，我看到了这些女性的强。

身在异乡为异客。虽然台湾社会总体而言是一个很包容的社会，但是对于外地人，尤其是从这种不发达的地方来到台湾的人，歧视总是存在的。在台湾的日本人，能够很骄傲地说“我从日本来”，但从越南、印尼、菲律宾来的，包括从大陆来的，恐怕就不一定。虽然台湾的生活很舒适很便利，但心理却无法完全融入。常常因为一句“我从大陆来”，两人之间仿佛就出现一道海峡，无法像台湾人彼此之间那样亲密无间。这时候就会深深地觉得，这里不属于你，你，只是个异乡人而已。

陈玲萍老师

1

星期六的傍晚，玲萍老师请我下山吃汤圆。之前过冬至时，玲萍老师就要请我下山吃汤圆（台湾冬至有吃汤圆的习俗），但到了老师推荐的苏妈妈汤圆店时，却发现当天竟然没有营业，老师只好带我去吃别家。不过老师盛赞苏妈妈汤圆是“最正宗的、最道地的台湾味”，坚持要带我补上这个遗憾。于是两周后，又再次带我来到镇上。

细心的玲萍老师为了不让我觉得接受了太多人情，解释说“上一次是冬至日的应景，这一次是感谢你上课时常常回答老师的问题”。课堂上，老师常常会向学生提问，不过台下的学生往往都是沉默。场面尴尬时，我都会举手回答一下。老师却把这当作是请我吃饭的理由。

2

记得玲萍老师在学期的第一堂课就说过：“……老师同时

也是一位修女。”当时让我很吃惊。我没有想到讲台上这位穿着朴素又亲切的老师竟然还是一位修女，心里马上产生一种敬畏感。

说起来，玲萍老师的经历颇为特殊。1980年，玲萍老师在台湾东吴大学毕业后，相继在基隆和台北担任小学教师、医疗社工、教会劳工辅导等职务。1990年，老师前往美国，在社区组织和教会从事社工服务和牧灵辅导等工作。5年后，老师取得华盛顿大学的硕士学位，并开始在“外劳关怀小组”担任行政督导的职务。2005年，老师拿到英国剑桥大学社会政治科学研究所的博士学位，之后便回到台湾，开始了在暨南大学的教师工作。虽然回到了台湾，但直到现在，老师每年都还会组织学生一起去菲律宾做国际志工，在提供人道主义援助的同时，也帮助台湾学生了解不发达国家人们的生活。

虽然身为修女，但老师并不像想象中修女的古板与保守。一些菲佣来到台湾后意外怀孕。按照规定，怀孕的菲佣一律遣返回国。手足无措的菲佣前来向老师寻求帮助。虽然天主教强烈反对堕胎，但老师因为担心她们被遣返回去之后不敢回家而流落在外，在道义两难中还是默许她们去医院堕胎。对于一个天主教神职人员来说，这真的是不容易。

3

个案工作课考试结束之后，玲萍老师约我到她的办公室。玲萍老师之前说要寄一些台湾的书跟杂志给山大的社工系。

“那些杂志都是我为系上的学生们订的……可是杂志订了这么多，我们台湾的学生都不怎么看。”老师神情有些失望，“肯定还有很多大陆的学生想来台湾看一看，那些杂志寄过去让大家看看也好。”

然后，老师拉开抽屉，从里面拿出一张中华邮政代金券，“这张代金券可以抵两千元，就当作寄包裹的邮费吧。”

手里攥着这张代金券，很多感谢的话这时却不知道要怎么说出来……

与老师告别后，坐着校车来到山下的阿朴咖啡店，和阿朴的阿姨一起，把足足3大箱的杂志用机车推到小巷附近的一个小邮局里。

邮局里寄件的人却挺多。其他顾客听说我们这3个大箱子是急着要寄往大陆的，纷纷让给我们先解决。工作人员出来为箱子称重，计算后，邮费共需3500元，1个月后才能送达。不足的1500元由阿朴的阿姨帮忙垫付，最后也都由玲萍老师付清。

为了让大陆学生能多了解台湾，老师无偿提供那么多书和杂志，还自掏腰包付3500元新台币的邮费。我想不是每一个老师都能做到的。玲萍老师对学生的爱不分地域，不管是台湾的学生，还是大陆的学生。看着那3大箱沉甸甸的书和杂志，仿佛又看到老师殷切的眼神。那一本一本的书和杂志，都包含着玲萍老师对学生的满满情谊。

告别

1

最后一个周五的下午，平静地上完学期的最后一节课。回宿舍的路上，穿过每天都要经过好几次的大草地。刚来暨大时，草地里的小草都是绿油油的，生机盎然。或许是冬日的关系，草坪现在看起来有点枯黄。天气有些萧索，但校园里的气氛却很欢乐。校园主车道的两侧，停了许多来接孩子回家的车。

回到宿舍，重新检查了一遍已经整理好的行李。箱子里面，装有各种各样有意思的小东西，都是在台湾的这段时间里积累的。每一个物品，都连接起一段酸甜的回忆。比如旅行中寄给自己的明信片；在日月潭买的帽子；有一阵子希望早点起床而在垫脚石书店买的小闹钟；在台北做志工时买的山姜黑糖和纪念品……这些小东西，见证了我在台湾的这段难忘的时光。现在，要带上它们和我一起回大陆了。

环顾四周，床铺和桌子又回归到空荡荡的状态，就像是刚进入这个宿舍时看到的那样。此情此景，更加觉得自己不过是一个过客而已。在这个宿舍度过的第一个夜晚还历历在目，而此时却行将告别……

提着沉甸甸的行李，我关上门，慢慢地出了宿舍。

以为自己不会回头，走到宿舍外的小路时，还是忍不住回头看了一眼。5 楼的第 2 个房间，以及宿舍旁的天台，我在那里写作业、看书，在 facebook 上和朋友聊天，在 msn 上和组员讨论小组报告。也曾躲在天台上吃过廉价的泡面，吃过咸咸的自制的“腐乳拌饭”。也曾在地震后整晚睡不着，一个人在楼道里游荡……脑子里闪烁出许多片段，当时开心或忧郁的心情也一并涌上心头。或许以后再没有机会再走进那间屋子、再踏上那个天台，但有这么多的回忆占据脑海，也让人满足。也许生活就是如此，虽然会常常转过来看看来时的路，但脚步却只能朝着未来的方向一步步走去。

2

沿着小路走去校车的候车处。候车处站着不少兴奋的学生。学期终于结束，每个人都喜气洋洋。只是对于他们而言，下个学期又会回到这里，看到熟悉的面孔。而对于我而言，却不知道什么时候还有机会再来。

校车上难得的人挤人，男生女生们都在兴奋地说着话，感觉像是回到了第一次来暨大的校车上。

在埔里酒厂下车，站在路边，等候着去往台中的巴士。傍晚时分的街上车来车往，想起第一次跟着两位马来西亚学姐逛埔里的情景。那时的埔里，在我看来是一个灯火稀稀、不太繁华的地方。没有什么高楼，也没有见到百货公司。街边上都是“古早味面店”、“卤肉饭”、“小林眼镜”、“50岚”这样的小商铺，以及众多的7-11和全家便利店。那时的我，确实有过失望的感觉。但在之后，常常在小镇上转悠，对这座盆地中的小镇也越来越熟悉，埔里的青山绿水、干净的空气，都让人好喜欢。

想起一个熬夜后的清晨，一个人来到天台上。山下的埔里小镇在浓雾中不见轮廓，所有的建筑都消失在白色的雾气里，唯有四周青山环绕。这时的埔里，像极了一片开阔的大泽，如梦如幻。之后也常常远望山下的小镇，但那种美景却再未出现过。

陷入回忆中，一个骑着机车的女生突然在我前面停下来，摘下口罩才发现是佩岑。佩岑惊讶地问我："咦？你这就要回去了吗？"

"对啊，再旅行几天，就要回家了呢……"

"你一个人吗？"

"还有一个台湾的朋友。我们一起。"

"是喔……那你要小心喔……一定还要再来！"佩岑微微笑，然后戴上口罩，和同伴骑着机车走了。

佩岑走后，想着她看到我时惊讶的样子，不禁反省起来。连句告别的话都没有跟其他朋友们说就悄悄离去，会不会不太好呢？

可是自己，确实是不喜欢送别的场景呢。这样一个人挥挥衣袖，反而比较轻松自在吧。

惆怅中，开往台中的巴士驶过来。我向司机招手，司机缓缓将车停靠在我旁边，我提着行李上了车。

在座位上坐下来，窗外熟悉的小店开始朝后面慢慢退去。我拿出手机给雯雯发了一条短信，大意是我离开埔里了，晚上就拜托你了。不一会儿，雯雯回复我一路平安，同时还有她的电子邮箱。

当天晚上原本还有中餐厅的工作要做，我却一个人"胜利大逃亡"了……

再见了，中餐厅

1

“1 月份的薪资是不是 14 号学期结束时发呀？”10 号发完 12 月的薪资后，我这样问阿姨。

“14 号发？下个学期你们来阿姨这里打工，阿姨再发给你们啊。”阿姨很疑惑。

“可是我下个学期就不来台湾了耶。”

“‘不来台湾了’是什么意思？小柚你不是一直都在台湾念书吗？怎么下个学期不来了呢？”阿姨更加疑惑。

“我之前就跟阿姨说过我只来一个学期啊。”我是有说过的。

“你什么时候跟阿姨说过？！阿姨不记得！”居然一口咬定我没有说过，同时火气冲天：“下个学期开学时有那么多事要做，你要阿姨临时找谁啊？阿姨会累死啊！你如果下个学期不来了，你现在就给阿姨找个代班的人！找到了，1 月份的工资阿姨发给你；没找到，阿姨按 1 天扣 3 天，1 月份这里做了 10 天，要扣 6000 块！”

6000 块！黄群被扣工资时的恼怒瞬间就尝到了。只是阿姨这个人，绝不会只是随口说说。如果去学校研发处举报我，而我却没有任何阿姨的证据。辛苦工作了一个学期，我可不想在最后关头被抓住。

2

12 号晚上打烊后，我跟阿姨说已经找到一个台湾的同学，愿意来中餐厅打工。不过因为在准备期末考试，所以只能等到 14 号下午考完才能来。阿姨将信将疑：“他 13 号不能来吗？14 号才来，到时做不了怎么办？”

“不会啦，他说他之前有在火锅店打工过的。”

“那你当天也要来！阿姨的餐厅要大扫除，所有的工读生都要来！”

似乎是相信了。

而我并没有去找其他同学来代替我。工资没有就没有了，中餐厅的工作太辛苦，怎么能把其他朋友骗进来。

3

13 号晚上依然去中餐厅打工。一直以为我是东南亚侨生的雯雯，听到“我其实是陆生啦”之后微微有点吓到。我说今天晚上就是我最后一次在这里洗碗啦！

一个学期的工作终于做完了，明明应该很开心不是吗？可是语气中却略带着伤感。心里还是舍不得打工的伙伴们。长得很像电影《初恋那件小事》中，戴着眼镜的“小水”的雯雯、偷偷多给我夹一个卤蛋的黄群、总是像大姐姐一样关心我们的珍珍、文静的小诗、从外蒙古来到台湾的小巴，包括那个狮子头男孩可可。这些打工的朋友们，不知道以后还有没有机会再见面？

但愿大家都能过得比现在好。

而要离开中餐厅，也满心不舍。还记得来这里应征的情景、第一天打工的情景，那时的我多么紧张、多么不安，生怕被熟人认出来。而一个学期下来，竟然能平安地工作到了最后。每天站在墙后面，洗着碗，刷着筷子，还有大大小小的钢锅和汤匙。因为这堵墙，我能够工作，得以经历那么多的故事。隔在前台和洗碗区的这堵薄薄的墙，我也发自内心地说一声“谢谢”。

14 号的工作当然没有去。站在校车候车处候车时，远远看到绿树掩映中，中餐厅红色的砖墙。这个时间，阿姨应该已经在指挥着工读生做大扫除的工作了。不知道黑紫色嘴唇的阿姨，看到我竟然不来，会是怎么样的反应？

而她最终也没有打电话来。

纸条

去台中的车上，一如既往地人少少。把包打开，掉出一大堆小纸条。

“Hi 李晨：和你聊天总是有许多惊喜！希望以后你回去也能常 MSN！哈！By Patty P.S. 你奇怪的问题感觉好多好有趣喔！”

常常在 MSN 上聊小组报告的 Patty，性格古灵精怪。每次看到她就想到“小 S”徐熙娣。

“Dear 李晨：时间真的过好快！一转眼学期就快结束了，希望你在台湾能有许多美好的记忆！祝你期末考试 High Pass！：）也祝福你未来的道路能平安，顺利！加油！郁珊”

郁珊总是自嘲自己的名字的谐音是“玉山”，可是那也不错不是吗？嘻嘻。

“你要回去了，真是可惜。谢谢你对我的夸奖！”

无名氏朋友。

“Dear 李晨，对你最初的印象是你那件亮眼的蓝外套，团体很高兴和你同组，才能和你有较深的认识。同组一学期以来合作愉快，只可惜没有机会继续当同学，但仍是对未来予以无限的祝福！沛妏”

基隆女孩沛妏，有着无穷的表演和搞笑天分。和她当组员，实在是件太开心的事。

“李晨：好想多跟你聊聊，总觉得会从你身上得到很多 ：）P.S. 所以我可以跟你要 MSN 吗 :$ 彤”

组员谢彤，很亲切，很善良。难得的名字是两个字的台湾好朋友。

“To：李晨 难得在通识课还能看到社工的学生～加上我们同姓氏耶！欢迎你再来台湾玩！李璟芸”

通过“自我探索与生涯规划”课程认识的璟芸，家在桃园县。我现在还记得她教我用台语说“桃园”。（“园”那个音好难念）

“李晨哈：）从你那边知道好多喔：）是个有趣又幽默的人 ya！”

无名氏 again。

“Dear 李晨：能够认识你这个特别的人真是很好的缘分！再不久你就要回去了，真有些不舍；没什么东西饯别真是抱歉！只愿你平安喜乐，身体健康。有机会来台湾要回来看我们喔！你真是很棒的人！：） By 郁家”

郁家也是通过“自我探索与生涯规划”课程认识的好朋友。理想是当高级公关人员，原因是“可以有许多置装费”。

“to 李晨 感觉你很有理想跟想法，而且还很年轻，还有时间去准备跟实现，人也非常的好，加油吧！如果哪天来台湾，我也可以招待你：）加油 ！！ By 婉瑜”

是美女却没有美女的架子、人缘超好的婉瑜。

……

来到台湾后，常常担心自己不能被其他人接纳。看到这些可爱又有趣的卡片，让人好开心。同时也觉得遗憾。或许是晚上要打工，白天的事情也多，很少有时间去跟朋友们疯玩。有一段时间流星雨频发，差不多隔两个星期就冒出某星座会有流星雨的传闻。大家都在相邀骑机车去合欢山看流星雨，可我因为晚上的打工而无法成行。

但不管是在一起进行了多次团体练习的成员们，还是通识课上的小组成员，还有比教系的元隆，同系的“柠檬”梦洁、郁珊和琮玮，还有网球课上在一起搭档练习，但总是酷酷的、不太说话的峻均，还有其他一些陆生朋友，我都心怀感激，这一个学期的时光，谢谢你们的陪伴。

人生或许就是这样，不知道在哪里，会遇到什么人。一年之前的我，不知道一年后会站在台湾的土地上，认识这么多台湾的朋友，了解对方的生活，倾听对方的心事。而前方又会去向哪里？谁都不得而知。

不管怎么样，“愿我们各自都有美好的一生，美好的憧憬”。愿未来的生活里，我们都有好运相伴。愿我未来的生活里，还能遇到像你们这么好的人。

那，就最好了。

7

机车上路

开往东部的列车

1

抵达台中时天已入夜，窗外一片霓虹灯闪烁。车站前依然站满等候公车的人群，依然听到路边叫卖太阳饼的店员的吆喝。

原本计划一个人的小旅行，因为新认识的朋友峻毅的邀请，变成更让人期待的“本地人带路”的台东、垦丁机车旅行。峻毅人在台东，便先坐火车去台东找他。

2

本想要搭乘第二天早上 8 点半直达台东的列车，却意外地睡过头，赶到台中车站时已经是上午 10 点多。为了不让峻毅等太久，买了一张平常都不敢买的自强号车票前往高雄，然后再从高雄转车去台东。

旅行的第一天，天气晴朗。站在台中车站的第二月台上，能看见车站文艺复兴风格的塔楼。我很喜欢这座复古的站房。

而在我所有去过的车站里，这也是我见过的最美的一座。

列车意外地晚点了 3 分钟，不过抵达高雄车站还是很准时。正当我准备要出站时，听到车站内的广播，大意是开往台东的莒光号列车即将出站，还没有上车的乘客请赶快上车。没想到竟然有这么刚刚好的事情，毫不犹豫地冲去月台。因为没有买票，只好厚着脸皮请求列车员让我上车后再补票。列车员看了看我，好心地放我上车了。

高雄的冬天很温暖，我却穿着一件厚实的外套，一路跑过来一身汗。喘着气走进车厢，却发现车内座位都意外地坐满了，乘客们眼睛齐刷刷地看着我，我只好尴尬地站到车厢连接处。2 分钟后，列车缓缓地开动了。

说实话，从台中到高雄，沿途没什么风景可看，但经过高雄之后，窗外出现了一片片充满热带风情的田园风光。成片的椰林、香蕉林和鱼塘交错地铺展在广阔的沿海平原上，似乎还能嗅到空气中属于南国的甜味。经过枋寮车站之后，右边的车窗外出现一整片开阔的台湾海峡，星星点点的船只漂浮在宁静的海面上。阳光透过云朵，洒下一条条的光柱，照亮了一整片温暖的海域。台湾诗人余光中的作品《车过枋寮》形容的正是这一路的景色。

而如果火车能一直沿着海岸线往南行驶，旅途将会多么令人赏心悦目。不过南回铁路这时却来了一个 90 度的大转弯，向东驶入中央山脉的隧道。据说这条铁路原本确实计划向南延伸到恒春，再往东沿着海岸线连接台东。不过后来可能觉得节省旅客时间比较重要，于是原本无尽的海景之旅变成了现在无尽的隧道之旅。站在列车车厢连接处，还能呼吸到隧道里污浊的风。

当然火车也不是全程都在隧道里，偶尔也会有 2、3 秒的时间突然冲出隧道，看到山脉间的溪谷景色。因为这一带落山风严重，为了防止车厢被强风刮下大桥，还特意在桥上装上了高高的挡板，这都是以前铁道旅行所没有看过的。而一直明媚的天气也慢慢发生着变化，越往东，天空中的云层越厚。当火车开到中央山脉东侧的大武车站时，窗外淅淅沥沥地下起小雨。

看到东部的雨天，让人不免有些泄气。虽然下雨天的旅行也别有风味，但如果做一个选择，雨天还是晴天，当然还是毫不犹豫地选择晴天。

但愿之后的天气能好一些吧。

下午5点半，天空在乌云的覆盖中快要转入黑夜，火车终于抵达了终点站台东车站。去一次台东真是不容易，一整天的时间几乎就在火车上度过了。下车，随着出站的人流经过地下通道，努力睁大双眼找寻着朋友的影子。终于，出站口，看见了身着一身黑衣、戴着眼镜的峻毅。

机车上路

1

第一次见面，已经忘了说了些什么，应该是寻常的寒暄、有没有等很久之类的话。峻毅带我找到他的机车，拿了一顶安全帽给我，然后骑着机车载我去预订的旅店。

去旅店的路上要经过中华大桥。这座桥又长又宽车辆又少，峻毅便将速度开到最大。台东市靠近太平洋，夜晚的海风强劲，加上狂飙的车速，坐在后座上的我完全无法睁开眼睛，只能紧紧抓住剧烈晃动像是随时要解体的车身，却还是像随时要从车上摔下来。那3分钟里的我，感觉整颗心脏都缩紧成一团。

2

旅行的第二天，骑车去花东纵谷兜风。或许是寒流已经过去，天空没有再下雨，但气温降了不少。

197县道在海岸山脉的山脊上，一路上我们一辆车都没遇到。右侧可以远望辽阔的太平洋，左侧则是花东纵谷的田园风光。沿途还不时会看到一些河流。台湾的河流很特别，河床总是异常的宽，满是大大小小的碎石上堆积了许多漂流木，中间一条细细的小溪在流着，这是台湾大部分的河流在冬季里的景象。我想是因为夏秋季节的台风让河水暴涨，引发的山洪和泥石流让河床一再拓宽，被冲倒的树木也顺着河水漂流而下，有些漂到了海边，有些在河滩上搁浅。而到了枯水的冬季，湍急的大河就变成了眼前的小溪。

而在鹿野乡旁的卑南大溪上，有着平行的两座桥，一座可以通过，另一座则损毁得非常严重，一片碎石中，只剩下两端一小段碎裂的桥墩还能看出原本的形状。峻毅边骑车边告诉我，那座桥是在“88水灾”中被冲毁的。水灾过后，便建造了旁边的新桥。

“88 水灾”。想起了在台北做志工时，卖山姜黑糖的余师姐。余师姐所在的山村，在中央山脉另一侧的高雄县六龟乡。水灾过后的六龟荖浓溪，估计也是眼前这样一副惨象。

台湾真是一座多灾多难的小岛，除了有频发的地震，还有每年夏秋季节的台风。我们在大陆常说“人定胜天”，可我们却没有办法阻止地震的发生，没有办法挡住台风的脚步，在大自然面前，人的力量其实如此渺小。

而山洪与泥石流的频发，与自然环境的破坏也有关系。和大陆做对比，台湾民众对于环境的保护意识更强，也有许多民间环保团体在为生态环境的改善积极奔走，但台湾还是有诸多可以努力的地方。西部平原地区在上世纪大力发展经济中，自然环境遭到较严重的破坏，以至于从台北到高雄，沿途几乎没什么景色可言。但现在让人忧虑的是，一直被认为“纯净”、“生态”的东台湾，似乎也没能阻止破坏的脚步步步深入。东北部的宜兰平原已经与西部平原无异了，到处都是密集的民宅和割裂的稻田。而在清水断崖中段的和平车站附近，这样隐秘又交通不便的地方，竟然有一座规模不小的台湾水泥和平厂。原本应该是自然延伸的海滩，被水泥厂筑起一道高高的防波堤。而被台湾观光局称赞为“绿野仙‘纵’”的花东纵谷，其实也只有光复站以南才能算得上。光复站以北的区间，两侧总能看到丑陋的民宅和工厂。纵谷北段的景色曾经一定不输南段，但或许是因为现在工业的开发，破坏较为严重。而景色一旦被破坏，要想恢复到原本的样子就难上加难。

3

197 县道的两旁，还立着不少原住民的木刻雕塑。峻毅解释说，有这些木雕，表明附近有原住民部落。在大陆，我们把台湾的原住民统称为“高山族”，想必他们也都住在莽莽高山里。而眼前看到的原住民部落，就位于这样低矮的小山里，还有这样平整的公路可达，很出人意料。想起之前一位台湾同学呛我："你以为他们（指原住民）想住在大山里啊？还不是被汉人赶上山的。"我把这个观点传达给峻毅时，峻毅说："有些原住民确实比较喜欢住在山里，因为可以打猎啊。"直到现在，还是有一些原住民生活在高山上，比如阿里山的邹族、中央大山的布农族等。

峻毅对原住民似乎有着特殊的感情，不仅学校里有不少原住民朋友，还常常去原住民部落探访。这次的旅行结束后，他说自己要去台东的一个原住民部落做志工，教当地的小孩学习使用电脑。

"台东大学的学生应该大部分都是原住民吧？"我问。

"才没有，东大的学生大多都是外地的。很多原住民的学生念完高中就出去打工了，能念到大学的其实很少。"峻毅回答。

出乎我意料的答案。

不过想想，每天生活在山林里的原住民，采集、打猎、唱歌、跳舞，就这样过了几千年，不像汉人有尊师重教的传统，不会有太强的要接受学校教育的观念。而原住民大多收入较低，也不懂得理财，有钱就喝酒，没钱就打零工，上大学对于他们而言也是不小的花费。而如果上大学只是为了获得一份好工作，可能也会让很多原住民不屑。他们不太会为了钱而辛劳奔波，骨子里向往的是那种逍遥自在的生活。

再仔细想想，原住民不储蓄、知足安命的根源，因为他们的潜意识中有一份安全感。这种安全感，来自于熟悉的大自然，还有族人间的紧密联系。所谓"留得青山在，不怕没柴烧"，原住民祖祖辈辈靠打猎、采集谋生，大自然提供了他们生活所需的一切。只要山林还在，生活就有希望。而原住民多以"部落"的形式生活，族人之间的关系非常紧密，生活再潦倒，也不至于一个人饿死。

不过活在这样一个被汉人包围的社会里，原住民的生活已经发生了许多变化。他们无法再像以前那样，完全生活在

暨大好像有
很多侨生吧?!
对呀
台东大学应该有
很多原住民学生吧?!
才没有
很多原住民学生其实念完高中就不再念书了.
能念到大学的其实很少.

自己的小世界里，靠山林自给自足。依照政府的规定，原住民的小孩必须去学校上学，接受“正规”教育，学习“国语”、学习社会规范。这些无疑都是汉族文化与价值观的输送。久而久之，原住民小孩也跟汉族小孩一样，穿着工业流水线上生产出来的衣服，听着最流行的电子音乐，审美观也趋同。北台湾的泰雅族、赛德克族等原住民族从前都有“纹面”的习俗，就像电影《赛德克·巴莱》中看到的那样。纹面是族人之间辨识的标志，也是传统中嫁娶必需的程序。但汉人的审美观极大地影响了这一习俗的延续，纹面现在只能在老一辈族人身上看到了，年轻的族人对于这种习俗都说 no。在面对外来文化的冲击时，原住民文化的自我保护有时显得无能为力。

老一辈的原住民大多安于住在宁静的山里，而许多年轻的原住民似乎更加向往繁华的城市生活。就像刘克襄在《遥远的家园》一文中描写的原住民女孩“seven”一样，他们离开部落，前往北部的都市打拼，在族内的“丰年祭”等重要活动时回家一次，然后又继续打拼的生活。不过虽然都市里有许多新奇有趣的刺激，有实现梦想的机会，但或许，东部宁静的乡下，才是他们永恒的家园。

两天后，峻毅和我，前往了“seven”的家乡知本。在知本森林公园，我们遇到了一位原住民阿伯。

这位皮肤黝黑的原住民阿伯，没事时就来森林公园做志工，帮忙做检票的工作。他跟我们说，他是卑南族人。

“阿妹（张惠妹）不就是卑南族……”我忍不住插话。

“对啊！”阿伯很惊喜，“你知道她啊？我们有工作人员是她们家邻居喔！”

和天后做邻居？！太不可思议了。

“你们有没有去她家看看？就在附近喔。”阿伯问我们。

天啊！天后的家可以随意去吗？！

“你有去过阿妹的家里吗？”我问峻毅。

“没有耶。”

“她现在应该不在家啦。不过每年族里的丰年祭，她都会回来喔。有时你们在电视上很久没有看到她的新闻的话，她可能就回来了喔！”阿伯很热情地跟我们说。

“你能教我几句卑南语吗？”要在台东见到阿妹估计是不可能了。

“好啊！你要学什么？”听说我要学卑南语，阿伯更加开心了。

“‘我们爱台湾’，用卑南语怎么说？”

“……我们卑南语里面其实没有‘台湾’这个词耶。”阿伯笑了。

让我有点意外。我家乡的方言，几乎所有外来字词都可以念出来的。

“那‘你好吗’怎么说呢？”我问了个比较正常的。

“na fa yu。”阿伯说了一遍，发音大约是这样。

“回答就是‘na fa gu,’就是‘我很好’的意思。”

我学了一遍，被阿伯称赞“发音很标准”，忍不住有点小得意。据说，很多年轻人已经不会讲本族的语言了。

想起在大陆的一位布依族的朋友，说很多布依族小孩已经不太会说布依族的语言；我在东北大兴安岭遇到的一位鄂伦春族老大爷，说大部分的鄂伦春族年轻人，也已经不太会说鄂伦春族的语言……那这些少数民族的语言，就将这样慢慢消失吗？

4

当传统文明与外来工业文明相碰撞，原住民的文明往往显得势单力薄。社会的歧视、外来文化的入侵、生活方式的改变、经济上的弱势地位等，让很多原住民感到对未来的不安和迷茫。生活在大兴安岭地区的鄂温克人，已经无法再像从前那样合法地使用枪支。没有了打猎的工具，没有了驯鹿，没有了安静广袤的大森林，许多鄂温克人在快速发展的社会面前找不到自己，便沉迷在酒精里。

澳洲西北部的达尔文市，当地的原住民大多过着不工作、依赖政府救济金生活。每个月的救济金一到手，就先去喝酒，然后去赌老虎机，最后一贫如洗。

星野道夫在《北极光》一书中，这样描述他观察到的阿拉斯加那群“苦恼的古奇印第安人”：

“……人们每天都讨论着各种各样的问题。年轻人对传统文化的淡漠、酒精中毒、自杀、老一辈与年轻人之间的代沟、对未来的不安……我在会场的角落听着人们的谈话，也有所感慨。在北极的原野安静生活的古奇印第安人也会遭遇种种棘手的问题，他们那样激烈地讨论着，使我感到非常惊讶。……‘在美国的英语教育中，越来越少的人会讲古奇语了，这真是十分的悲哀。我想尽可能地教会我的孩子，可是这语言能在不知不觉间就消失了！’……‘我儿子今年春天在育空河里淹死了。他骑着摩托雪橇，可是冰层裂开了……儿子喝了酒……我自己也酒精中毒了。’……‘大变革的时代来临了！’”

在台湾，我也听说了许多不工作、酗酒、飙车的原住民的故事，也听说了许多原住民坚强勇敢、为生活打拼的故事。这群体格彪悍、皮肤黝黑的原住民，其实才是最早在台湾生活的一群人。但现在的台湾社会，显然对他们不是最好。当然，这种情况在往好的方向发展。社会越来越多地了解原住民，也出现了像峻毅这样的，主动为原住民当志工的汉族学生。

而这位热心又友善的卑南族阿伯，在我们与他合完影之后就告别了。而我们后来也没有再去找阿妹的家在哪里。

太平洋的风

1

连续的阴沉沉天气过后，终于云破日出。下一站，前往台湾岛最南端的垦丁。

机车离开台东市区，骑上台 11 线公路。公路两侧是一片片的释迦田，还有不少卖释迦的小店，空气中似乎也弥漫着释迦甜甜的味道。

经过知本之后，公路开始与大海平行，左侧出现一整片辽阔的太平洋，让人很是惊喜。来台东的火车上，窗外阴风怒号的太平洋卷起灰色的巨浪，很是骇人。可是在这样明媚的天气里，太平洋竟然是如此奇异的颜色。近处的海面是晶莹闪烁的宝石蓝，而远处则因为北上的黑潮而变成鲜艳浓烈的深蓝和紫色，两种不同颜色的水体界限分明。斜斜的日光下，洋面上翻涌着许多白色的小浪花，绿岛也远远地出现在天边，如同一只浮出水面的海龟。我贪婪地看着这片美丽的大海，期待着能有一两只跃出水面的海豚。

从知本到多良，公路在海边高高的悬崖上穿行，过了多良之后，公路下降到距离海平面只有几公尺的位置。一个大浪拍打过来，激起的水雾随风洒在身上，带来太平洋咸咸的气息。而过了大武之后，公路渐渐进入中央山脉。中央山脉到了这最南一段，已经不像在“中横”看到的那样雄伟险峻，显露出柔美的一面来。

和在 197 公路上看到的那样，南回公路两侧也有不少原住民部落。部落里甚至还有竖着十字架的基督教堂。我不明白为什么原住民会信仰基督教？他们不应该是信仰他们的原始宗教吗？峻毅告诉我，历史上有西方的传教士来到台湾传教。以前原住民的生活很困苦，而只要他们来教堂做礼拜，教堂就免费提供他们食物。这样时间久了，很多人就成为了信徒。

峻毅一路上都在跟我讲话，但因为车速太快，他的话一说出来，就迅速被吹散在风里，以至于坐在后面的我，只能捕捉到零星几个字词，大部分时间都听不明白峻毅在说些什么。但还是要不停地给与回应，回答“是啊”、“对啊”、“嗯”之类的话，不能让峻毅在前面感觉很无聊。估计如果他问了“你会不会觉得台湾不好玩”之类的问题我也回答过“是啊”。

在山里骑了将近 1 个小时之后，来到了屏东县的枫港镇、台湾海峡的东岸。在温暖的海风中，一路往南冲向垦丁。电影《海角七号》中，阿嘉从台北骑机车回恒春，途中就经过这里，而且也是下午的这个时间。

西边的太阳照射着天空中的云彩，照射着平静的台湾海峡，也照射着公路上飞驰的我们。影子在公路上斜斜地拉得很长。远处起伏的中央山脉在夕阳中呈现出一片金黄色，而东边的天空，已经升起了一轮银色的月亮。

不知道以后还有没有机会和好朋友体验这一段旅程。但此刻的我，真的很开心。

2

抵达垦丁时，太阳已经沉入海平面以下，空剩满天炫目的云彩。有风车在云彩和晚风中悠悠地旋转着。

傍晚的海边一个人都没有，我们站在沙滩上，看着这最南边的大海。此时的海水，呈现出迷人的蓝绿色，浅浅的海浪一道一道从天边卷来，轻轻地拍在沙滩上，然后消失不见。而远处的海面上，还静静地漂着一艘木船，似乎在朝岸边开来，又似乎正在渐渐漂走。

虽然和台东相比，垦丁确实要温暖不少，但寒流过后的天气，依然觉得微微的冷。我们在海滩上坐了一会儿，然后继续骑车，去热闹的垦丁大街。

垦丁是台湾中小学生毕业旅行的首选。当晚也在大街上，撞见好几波小学生毕业旅行团，一个个都还穿着学校制服，成群结队在街上逛。而这次来垦丁，对于我而言，就算是在台湾打工游学这个大课程修完的结业式。

在街上逛了许多特色小店，然后在便利店买了便当，在窗边的座位坐下来。看着大街上闪烁的霓虹灯，想象一下夏季里垦丁的热闹景象，也算是明白了为什么台湾岛四面环海，台湾人却特别衷情垦丁。对于很多台湾人而言，远离都市的垦丁，就像是我们的三亚，可以让人暂时忘记生活的压力和烦恼，暂时地生活在别处。来到垦丁，悠闲地享受一下阳光、海滩和辣妹，当作生活的一个 break（休假）。

而来到台湾，对于我而言，也是一次人生的 break。虽然打工不算轻松，但却能让人享受活在当下的宁静。打工之余，又赚到四处旅行的机会。现在来台湾的大陆观光客很多，台湾人也大多都习以为常。但在还没有开放大陆观光客自由行的当时，独自在岛上旅行真是很特别的体验。

3

旅行的意义是什么？对于旅行者而言，旅游锻炼能力、开拓视野。对于旅行目的地的人们而言，旅行能为当地人带

来收入，尤其能帮助贫穷地区的人们改善生活。而宏观上来说，旅行能增进不同地区人们的互相了解，消除仇恨。

很多大陆游客来到台湾，对于台湾城市的外观，大多感到失望，包括初来台湾的自己。台湾处在环太平洋地震带上，所以除了台北 101 大楼、新光摩天大楼、高雄 85 大楼等几栋高楼，再没有特别高大的建筑。但是台湾的人情味，却让外地游客恋恋不舍。我自己也亲身经历了许多次。最难忘的一次，是在埔里的时候，遇到的一位医师。

那时去医院是因为胸口发现一个小肿块。跟班上的同学打听埔里的医院哪家比较好，然后找了一个下午，坐校车下山，前往大家推荐的埔里基督教医院。

台湾的医疗保障体系很完善，几乎每个人都有“健保”，可以享受近乎免费的优质医疗服务。可是交换学生却没有资格办健保卡。没有健保卡，全部的钱都要自己付。有同学为我担心，那会是一大笔钱。

进了医院之后，先去挂号。填了一些个人信息，临时办了一张就医卡。挂号完后，就去医师的诊室外等候。

等了 20 多分钟后，听到叫我的名字。我推开门进去，里面坐着一位脸上长着痘痘的男医师。我在一旁的椅子上坐下来，把病历表和就医卡拿给他。医师把卡放在一个感应器上，电脑上显示出来我的个人信息。然后我把情况说了一遍，神经兮兮地问医师是不是肿瘤。医师仔细检查了胸口的肿块后，说：“不要太担心啦，不是肿瘤。”

“欸？不是肿瘤吗？”心里已经认定那就是肿瘤，听到这样的回答，反而不能接受。

“不去挤压会痛吗？”

“不会。”

“肿瘤如果长这么大，你早就死掉了啦。这是皮下囊肿，没事的。”医师宽慰我。

“确定吗？不用抽血验血拍 X 光之类的吗？怎么就知道

是皮下囊肿呢？”我还是不放心。在大陆的医院，医生都会叫病人做这个检测那个检测的。

“你这样的我看过好多次啦。”医师笑笑，在电脑上搜了一下“皮下囊肿”，找到一些介绍，然后念给我听。

“皮下囊肿大多都是良性的，你不用去理会的。如果有扩大的迹象，可以考虑手术切除……”医师依然微笑，并没有因为我的纠缠而不耐烦。

“没事的啦，你不用担心。没那么容易得肿瘤的。”说完，在我的就医卡里输入一些就诊资料，告诉我这样就可以了。

我向医师道谢后，拿着就医卡回柜台缴费。柜台的护士小姐查看了下就医卡里的信息说：“本次的就诊不用缴费了喔，刚刚医生有帮你做优待。”

“啊？不用缴费了吗？”

“嗯，不用缴费了。”

好意外。没有健保卡，光挂号费就要100块新台币，再加上就诊的时间，刚刚这样算下来起码也要500块吧。而医生却没有收我钱。

不知道这位医师是不是常常做这种事，可是对于我而言，却是一个极大的震撼。

在台湾电影《练习曲》中，单车环岛旅行的明相一路上被许多陌生人关心和帮忙。我在台湾的旅行，和明相一样，也受到那么多陌生人的好心帮助。在花莲七星潭等公车时，一位骑机车经过的女生说去火车站的话可以顺便载我一程。一次晚上到达头城火车站，我问车站前的一位司机“头城国中”怎么走，司机很大方地说“我载你去好了”，就真的骑车把我送到“头城国中”，还没等我说感谢的话，就一溜烟地开走了，也没有要我钱。另一次是晚上在台北，想爬上101附近的象山拍夜景。已经到达象山的外围了，却怎么也找不到上山的路，于是问一位经过的阿姨“象山要怎么走”，那位阿姨很惊讶地问我："你一个人晚上要去象山做什么？"我说我想拍台北的夜景，那位阿姨忧虑地看着我说："你还是不要去了啦！晚上你一个人会迷路的啦！拍夜景喔，你跨年那天晚上再去啦！那天晚上山上人很多，你一个人也没问题啦！"见我还是不甘心，又不停劝我，直到我说"那我今天不去了"才松了一口气，告别离开了。

人情味是什么？人情味是热心地为你指路，担心你找不到路而一再提醒。人情味是超商店员为你画下的地图。人情味是友好地聊天。人情味是分享食物。人情味是帮忙修理单车。人情味是下雨天陌生人帮忙遮雨。人情味是蹲在路边时，被路人关切"你还好吧"。

在台湾的旅行过程中，常常可以看到"Taiwan,touch your heart"（台湾，触动你心）的口号。这句话用来形容台湾，实在再贴切不过。台湾人的人情味，发自内心，不求回报。对于他们而言，能够帮助别人，本身就是一件快乐的事，而看到别人因为自己的帮忙而开心，自己也收获满心的欢喜。那种欢喜，不带任何物质的成分。正因为如此单纯，才深深地打动旅行的人。

4

台湾原住民歌手胡德夫有一首经典作品，叫《太平洋的风》。歌曲描写的当然不只是太平洋上吹来的风，而是风吹过的这片土地，和生活在这片土地上的人们。

这首歌录制了几个不同的版本。个人尤其喜欢其中一个版本中的一段随意哼唱的原住民古调。歌手将内心的万千情感，都汇聚在那一段吟唱中。

能生活在这座岛屿上是幸福的。能吹着太平洋的风是幸福的。

拜访路竹的阿嬷家

1

峻毅的阿公阿嬷都是正宗的台湾南部本省人。从垦丁回到台东后，峻毅邀请我一起去他位于高雄路竹的阿嬷家看看。

峻毅把机车停在台东车站外面，我们选择坐火车去高雄。晚上7点多，火车停靠在冈山车站，峻毅的爸妈开车来到车站接我们。峻毅的爸爸是一个瘦高的中年男子，妈妈则是一位看起来亲切又不失高雅的台湾女性。我们打完招呼后，峻毅的妈妈就关切地问我们是不是还没有吃饭，说完便拿出准备好的两份点心给我们，说先在车上吃一点，从冈山去路竹还有一段路，真是心思细腻。只是我每次拜访别人家都会很紧张，虽然努力地想让自己放轻松，可是反而越觉得拘谨，以至于不时回句话的声音都变得不正常。

2

车行驶在公路上，两侧的路灯将我在车里的影子拉来扯去。半个小时后，来到一处灯火稀稀的乡下，这里便是路竹了。又在小路上左转右转之后，最终在一栋民宅前停下，而峻毅的阿嬷已经站在门口等候了，看到我们前来很开心。看到这样慈祥的老人，心里的紧张也顿时减半，感觉好像是回到了自己的外婆家。

走进峻毅的阿嬷家，发现屋里的装饰和摆设和我湖南的老家非常像，圆圆的餐桌上还放着一个隔夜菜的罩子，非常有生活气息的感觉。大家一起坐在客厅里看电视、聊天。

峻毅的爸爸是一位高中老师，酷爱单车旅行，每年都要和朋友一起单车环岛几次。据说和峻毅的爸爸一起骑过车的人，后来都不敢再跟他一起上路，因为都跟不上他的速度。他甚至还从太鲁阁出发，骑单车上武岭。说到这里时，我脑子里马上闪过前往合欢山的路上遇到的那群单车骑士。

峻毅的妈妈则是补习班老师。虽然台湾的大学升学率很高，但是进入名校的竞争依然很激烈。学生们在学校里上完课还不够，放学后还要找老师补习，所以就酝酿出了从小学到大学的各种补习班。台北有一条非常著名的补习街，也就是台北车站附近的南阳街。短短三百多米的一条街，却密密麻麻地聚集着众多补习班。我喜欢的主持人于美人就曾是补习班名师。有趣的是，峻毅说他有一次帮妈妈代课，讲到一半忍不住跟学生大讲鬼故事，结果吓得补习班里的小朋友回去睡不着觉，害得第二天家长来投诉。峻毅是菜鸟，可是对于真正的补习班老师来说，没有两把刷子是不行的。

3

峻毅的爸妈走后，家里就只剩下峻毅与阿公、阿嬷和我。阿嬷见到我很开心，问我从大陆哪里来、来台湾多久，是很热情、纯朴的南部人。不过跟我之前遇到的几位台湾老人一样，峻毅的阿嬷也只会讲台语。可是我对台语一窍不通，只能由峻毅来充当翻译。看着峻毅为我做翻译，觉得能说台语真是一件蛮厉害的事情！

站在阿嬷家的门口四下张望，发现旁边挨着一座庙。起初以为那是座妈祖庙，但峻毅指正那是“王爷庙”。在南台湾的许多地区，“王爷”的影响力其实要超过妈祖。“王爷”包括五种神灵，其中最主要的是“瘟神”。台湾在早年开发时，因为气候湿热，各种瘟病流行，于是人们供奉“瘟神”以求平安。而民居也大都是围绕着王爷庙而建。看到旁边的王爷庙，就知道这是一个很道地的本省人家庭。

而除了王爷跟妈祖之外，台湾的民间信仰中，还有城隍爷、住生娘娘、保生大帝、文昌帝君、阎罗王、土地公、地基主等许多神灵，这些神灵共同守护着这个多灾多难的小岛。

台湾人的神灵信仰其实很好理解。生活在地域广阔的大陆，当灾难降临时，犹有可以逃离之地。而生活在小小的海岛上，多走几步就到了海边，灾难来临时无处可逃。而台湾又是一个灾难如此频繁的岛屿，每年夏秋季节到来的台风，和随时可能出现的地震，在台湾人的内心深处形成了强烈的危机感。在无法用科学知识解释的从前，神灵就成为台湾人最重要的精神寄托。在走投无路、无依无靠时，神灵的存在让人心存一丝活下去的希望。

同时，古代的医术较不发达，许多疾病难以医治，而台湾又是一个瘟疫、瘴疠、疟疾肆虐的地方，所以当医生治不好病时，神灵就充当了医生的角色。

这就是神灵在台湾存在的理由。

而出于对神灵的信仰，很多台湾人热衷于做善事、积功德，也都在客观上维护了这座小岛的善良风气。

4

在路竹磨磨蹭蹭地住了 3 天。吃南台湾以“羹”为特色的菜，一起看泰国的鬼片，一起去台南玩。终于还是不好意思继续打扰下去，决定离开高雄前往台北。而峻毅也要回台东去做志工了，我们只能就此告别。

再见!!

离别的早晨，收拾好行李，峻毅的爸爸开车载我们去火车站。我的车是 8:47 开往台北，峻毅的车是 8:45 开往台东，时间隔得很近。我们一起进站，一起经过检票闸，然后走上不同的月台。站在这边月台上的我，看着对面月台上的峻毅，消失在火车背后。

对于峻毅和峻毅的家人，心里是满满的感谢。我去台东的时候，峻毅的期末考试还未结束，却肯牺牲复习的时间带我四处旅行，即使是路途遥远的垦丁。我不过是一个初次见面的朋友，但却给我无微不至的关照，让我非常感动。也非常期待他们能有一天来大陆旅行。

那么，一路平安啦!

离别的海港

1

越到了离别的时候，心情越加惆怅。

到了台北，打电话给林太太，要到她的旅舍再住两晚。

林太太的旅舍真是一个小世界。跨年时遇到的美国人还在，坐在沙发上边看电视边喝酒；从日本冲绳来的老头常常待在自己房间里，有时出来拿东西时，见到我会礼貌性地点头。另一个常年住在旅舍里的日本年轻人已经在台北工作了，却还是背着学生模样的包，每天很晚才回来。旅舍里还新来了一个白人女观光客，林太太说是她波兰人。她来的第一天对其他人都很防备，但第二天就看到她与美国人热络地聊天了。

2

23 号睡到很晚才起来。中午把钥匙还给了林太太，然后去附近的便利店买了一个三角饭团和一瓶矿泉水。我看了看水的产地，是南投埔里。

下午 2 点，独自带着行李离开了旅舍。从中山捷运站到台北车站捷运站，仅仅一站的距离。以前都是走地下街，但想到这是最后一次坐捷运，还是奢侈地买了一张捷运单程票。

最后一次坐捷运也没有什么不同。从淡水方向开来的车厢里乘客出奇的多，我只能勉强站在门口。车厢在国语、台语、客家话和英语的四语广播中往前移动。几分钟后，捷运停在了台北车站，我提着我的包下车。

在复杂的台北车站里绕来绕去，终于找到台铁的入口。检票后，来到位于地下的月台，等着从台北开往基隆的区间车。当天的月台上，乘客也出奇的多。牵着小孩的年轻父母，背着吉他的大学生，表情严肃的老大爷。每个人都在跟台北告别，离开台北去新竹，去彰化，去高雄，或者是东部的宜兰、花莲、台东。只是他们离开后，还可以随时再来。而我这次离开后，可能很长的时间之内，都没有机会再来台北。

是不一样的心情。

3

开往基隆的区间车进站，我走进了车厢。车内乘客却不多，很轻松地找到座位。列车在站台上停了几分钟后，慢慢开动了。

想来这是我在台湾最后一次坐火车，于是拿出相机，拜托坐在我对面的那位太太帮我拍张照。那位太太虽然长着一副不太友善的脸，但是一开始跟她讲话就发现她其实很热情。拍完一张后，她说“你不要动，刚刚这一张好像拍得不太好”，重拍了之后，她说“你坐在这个位置再拍一张吧”，完全不会不耐烦。

拍完照后，我们两个人开始聊天。她说自己是基隆人，来台北看她女儿，在台北住了两天，决定还是回基隆。这位太太很健谈，从她女儿的高中生活一直讲到她们一起去日本旅行的经历。

“你有去过日本吗？”她问我。

“没有啊。”确实没去过。

“日本真的很美，你一定要去一次！”谈到日本，阿姨兴奋起来，“当时是秋天，我们去了大阪、神户和京都。在京都住的是日式旅馆，会比较贵一点，可是很有风味喔。”

“去日本旅行要花很多钱吧？”我问，“我有一个朋友去了一次日本，每天至少也要花 2 万台币呢。”

“没有那么贵啦。我和我女儿在日本玩了 7 天，最后也没有花多少钱。”

这位太太一个人讲了很多在日本旅行的趣事，包括每天应该吃什么、怎样可以省钱、当地有什么特色表演，都毫无保留地掏出来告诉我。知道我是大学生之后，要求我“大学毕业之前，一定要去日本旅行一次”，“而且现在从松山机场可以直飞羽田机场了，很方便的”。

看着这位热心的基隆太太，我想起了来台湾的飞机上，遇到的两位非常有“人情味”的新竹太太。

“2 小时 25 分后，飞机将抵达桃园国际机场……”机舱内的广播声响起。坐在我右边的两位太太朝窗外看了看，又继续她们的聊天。听口音应该是台湾人，于是当下我问她们：“请问你们是台湾人吗？”

坐在我旁边的那位马上转过头笑着说：“对啊，我们是新竹人。”

“你们来大陆做什么呢？”

“我们来旅游啊，公司招待的。我们去了济南和青岛。泰山也去了。”

不去北京和上海，竟然去山东。

“你们觉得大陆怎么样呢？”忍不住问这样的问题。

“呃……还不错啦。”那位太太想了想说。

“我们在济南住的那个饭店的服务不太好喔。”另一位太太把头探出来补充说。

通常人们在回答这样的问题时，即使心里觉得不好也会说“很好啊”，但这位太太直言不讳地说“服务不太好”，看来她们真的在酒店里遇到很没意思的事。

“你是学生吗？”坐我旁边的那位太太问我。

“对啊，我去暨南大学交换学习。”我说。

“暨南大学……那是在埔里对不对？那里很不错喔！”那位太太眼睛一亮。

“日月潭啊，清境啊，合欢山都在那边！冬天还会下雪喔！”另一位太太表示同意。

“那新竹怎么样呢？”我问她们。

“新竹很好玩喔！你有空一定要来。新竹有十八尖山、十八公里海岸，有城隍庙。内湾也不错！那里还有小火车可以到。”旁边的太太一口气说了很多。

“小火车不是停运了吗？”另一位太太问。

“是吗？没有吧？我上个月还坐了耶……”

听得我云里雾里。

旁边的太太拍了一下我的手臂，“我画下来给你看”，说完从包里拿出笔和记事本，“这是台湾……新竹在这里……”那位太太边画边解释。

她在纸上写了很多新竹好玩的地方，还有小吃之类，甚至要怎样坐车、怎样可以省钱都详细地写下来。她担心我可能看不懂繁体字，还特意写成简体，但又不确定是否写对了，写完还问我“是这样写的吗？”，真是贴心的台湾人。

跟我介绍了很多新竹的情况后，她把那页纸撕下来给我。这时空姐推了餐车过来，给每个人发了一份盒饭和饮料。那位太太把盒饭放在我的小桌上，亲切地说：“你多吃点，我喝果汁就可以了。”

“其实啊，像日本啊，香港啊，新加坡我们都去过，不过每次旅行之后，还是觉得台湾最好！”她边喝果汁边感慨。

“还是台湾比较有人情味呢！”另一位太太也说。

一边吃着餐点，一边看着纸上那些涂涂写写。当时虽然还没有进入台湾，但感觉就好像已经在台湾了一样呢。

那两位友好又亲切的新竹太太，带给了我来自台湾的第一份感动。

而时间过得这么快，我现在竟然正坐在离开的火车上。

4

基隆果然是“雨港”。一进入基隆的地界，天空就下起大雨。而这样阴沉的天气，也让离别更加感伤起来。

到达基隆才下午3点钟，于是便坐在车站里打发一下时间。这时一位小学生走过来，请求我帮她做一份调查问卷，似乎是她们的作业。我一向懒得做这种街头问卷，于是直接以“我在赶时间”为由回绝，但同时又厚着脸皮问她“西岸码头在哪里呀？”

“西岸码头？”那位女生挠挠头，“我也不知道欸……我帮你问一下！”于是她真的跑去找她的同伴，向他们打听“西岸码头”在哪里。问了一圈，结果她的同伴们也都不知道。

“你要去大陆吗？你是去找朋友吗？”女生以为我是台湾学生，好奇地问。

“……对啊，找大陆的朋友。”我顺着她的思路开了个玩笑，没有恶意。

“这样啊……”她俏皮地吐了下舌头，然后就走了。

都要离开台湾了，还被别人上了一课。我常常会对陌生人的求助不耐烦或心存警惕，但是自己却常常希望能得到陌生人的帮助。总是一味地向他人索取，而不想为他人付出。我想大陆社会也是因为我这样的人比较多，所以社会才会那样冷漠吧。

因为说自己在“赶时间”，所以不能在这群小学生面前待太久，只能马上赶去西岸码头。不知道码头在哪里，决定搭计程车。走到车站前，拦住了一辆计程车，跟司机说“我要去西岸码头”。司机眼神古怪地看了我一眼，但也没有说什么。我打开后车门，把行李放进去，自己在副驾驶座上坐下来。

车开了不到 1 分钟就停下来，司机说到了。我抬头一看，西岸码头原来就是车站对面的一座方形大楼，中间不过 500 米而已。

5

来到码头大厅，人非常少，距离 7 点开船还有好几个小时。在大厅里找了一圈，发现有电源插座。把插头插上，然后打开我的笔记本电脑，竟然还搜到无线网络，就顺便打开我的 Facebook。Facebook 上记录了从我刚来台湾，到离开的当天中午的心情和状态。于是在台湾的经历又一幕幕地浮现在眼前……

09.13 埔里的“里”的繁体不应该是“裏”吗？为什么现在都写成“里”？好奇怪……

09.14 今天在暨大上了第一节课，是团体社会工作，还不错啦～加油喔～

09.18 今天晚上欢迎陆生和外籍学生的晚会很有趣，玩得很开心，我的朋友们也是。

09.25 今天在书店把高木直子的《一个人住第 9 年》和《一个人漂泊的日子 2》看完了～～没有让我失望啊～～很喜欢～～

10.01 明天周六学校餐厅不营业，早上要吃什么啊。

10.28 I’ve got to work harder!! ><!! （我要更努力学习）

11.11 Blair：Once men have tasted caviar，it buffles me how they settle for catfish。（Blair：吃过鱼子酱的人竟然会

满足于普通的鲇鱼，真让人受不了）

11.23 busy days...things would get better！ （忙碌的生活……一切都会更好的！）

11.23 没有收到信。好奇怪。是被别人拿走了吗？

11.25 在台南的一个邮局里又买了两张明信片～其中一张留着，另一张寄给埔里的自己。希望这次能收到啊！！><！！

11.29 名叫“暖暖”的火车站，因为梁静茹的那首歌而特意赶去参观。结果发现只是一个很普通的小站而已，连售票厅都没有的小站，也没有什么人在这里上下车。自己帮自己拍了一张。

11.29 旅行回来，累死了……每次旅行都搞得这么累，真希望能轻轻松松去旅行啊……

12.02 觉得丁当会是台湾的下一个天后。

12.09 前进一点就又有希望，这就是，活着的爽。——范晓萱《一起》

12.15 好希望埔里下大雪～

12.18 好希望。宿舍有。烤火的东西。因为。脚好冷啊！！！><！！！

12.20 明天的团体课……我还没有准备好！！！！！！！

12.29 觉得有些台湾学生真的很没有素质。图书馆里面总是讲话，而且超大声！旁边的人都不满了，还是在讲。真是白目。

01.15 和好朋友一起旅行真的很开心！

01.16 真的很感动，峻毅在冷风中载着我在纵谷骑车一天，真是辛苦……

01.21 北上的列车上，心情复杂。

01.21 真的呢，越到了离开的时候，心里越是有很多不舍……晚上又看了一遍《小丸子南岛观光记》，我想我就是其中的小丸子吧……那种心情……这份友谊，希望不会因为距离而变淡……LOVE YOU ALL。

……

在 Facebook 上，写过各式各样的心情和发生的事情。唯独不能提到的，就是打工的事情。

还有刚才在旅舍出发前贴出的最后一条状态：

01.23 等下再用吹风机把鞋子吹干，就出发去基隆坐船了……马上要离开台湾了，还是说些积极乐观的话吧。这一次的台湾之行，满满的回忆。认识了那么多的好朋友，一同来到台湾的其他陆生，社工班一起学习的朋友，一起带团体的朋友，借我教科书和计算器的朋友，一起在掉石头的山路上健行的朋友，载我夜冲去日月潭的朋友，YH 认识的朋友，一起骑脚踏车去多良的朋友，骑机车载我去垦丁的朋友，大禹岭的越南新娘，许多旅途中的陌生人，还有暨大的老师们。真的非常谢谢你们，这几个月来的照顾和关心 ~~ 真的很谢谢你们！！非常喜欢台湾这个宝岛，如果有机会的话，请一定再见面！！MISS YOU ALL！！

6

转眼四个多月过去了，出发来台湾的场景还历历在目。来台湾之前的我，也不是没有做过美梦，幻想来到台湾之后，会有怎样闪闪发亮的生活。现在来看，有不少梦想已经实现了，而有不少梦想，真的只是梦想而已。

在台湾走的每一步，我都记得很清晰。从刚抵达台湾的兴奋，到要适应新生活的不安，到开始打工时的惶恐，到适应了之后的满足。印象中，前半部分几乎都在黯淡、晦涩的心情中度过。不过那样一段漂泊如同浮草般的生活，也是现在回忆起来，最珍贵的部分。那段非常时期，容不得生病感冒，容不得肠胃不适，容不得放松休息，容不得退缩放弃，甚至向朋友诉苦都不可以。而我又没有足够强大的内心，也常常会因为阿姨的责骂而不开心，因为缺钱而烦恼。内心偶尔消极，可是还是要振作、要努力。

或许以后的自己，都不会再有那样的勇气冒险去打工，也无法承受那样快要摧毁我的压力。那样的时光，或许永远不会再有了。

而在台湾生活这么长时间，对于台湾的很多现象也都有了更平和的理解。我不敢说自己完全了解了台湾，但是台湾对于我，已经不再神秘，而变得鲜活生动了起来。

我喜欢台湾人的“人情味”，喜欢台湾人遵守秩序，喜欢台湾人的细心，喜欢台湾人说话时温柔的语调，喜欢台湾人随口说出的“不好意思”，喜欢台湾人“为他人创造便利”，喜欢台湾人的敬业，喜欢台湾人的不迟到，喜欢台湾服务生亲切的态度，喜欢台湾便捷的公共设施，喜欢台湾干净的“化妆室”（洗手间），喜欢台湾的火车，喜欢台湾的车厢不拥挤，喜欢台湾的许多旅游景区不收门票，喜欢台湾的垃圾分类，喜欢台湾干净的街道，喜欢随处可见的24小时便利商店……

生活在台湾，常常会感觉有一种说不出的轻松与自在。这种轻松感，就来自于大家共同创造的点滴细节。

而对于暨大的老师，心里也充满了感激。我所遇到的老师们都非常亲切，有一种学者的平和心境，带着一种中华传统文化下的儒雅风范。同时，对待学生是发自内心的关心和赞赏。

有时也会为这些老师们觉得惋惜。老师们一个个拿着世界顶级大学的学位，完全可以在大陆的大学里获得更高的职称和更好的待遇，但他们却在埔里这样的一个小镇上教书、做研究。只是换个角度想，对于老师们而言，或许在哪里教书不重要，在意的只是一份教书的工作，而不管面对的是台湾的学生还是大陆的学生。而且埔里优越的自然环境，也是很多大陆城市完全无法提供的。

每个人都在为自己的人生做出选择。我的很多选择，常常

只是“感觉很对”，很少会有理性的分析。

来台湾的决定也是如此。当初听到有来台湾的机会就申请了，完全没有考虑更深的细节。所以，才发生了这么多，我想都想不到的事。只是，如果一切都仔细考虑清楚，好像也会失去许多趣味？

在台湾的时光，终于走到了尽头。而以后，又会开始怎样的生活？

7

下午5点半，工作人员开始为乘客办理乘船手续。

排队办好手续后，我拿着船票走出大厅，来到码头上。远处是雨幕中的基隆市区，在水汽中晕出迷蒙的姿态。港口各种颜色的灯光，在海水中荡漾出一副梵高的画。

想过很多次离别的场景，但真正离别的时候，却没有符合我的任何一种想象。此刻的我，一个人，带着一份微微寂寥的心情，走上了船梯。

想起来，这么久的时间，自己也算是努力过了。

如果有遗憾，就都当作是留给未来的礼物吧。

也不知道下一次来台湾是什么时候？

但愿还能有机会再来。但愿下一次看到的台湾，还是我熟悉的这个台湾。

那么，台湾……再见了。

后记

啊，终于完成了。真的是带着这样的心情在写后记。文字部分写了很久，又反复改来改去，改到整个第一章和第二章几乎都能背出来。原因很简单——这是我最珍惜的一本书啊。

写完后，出版却不顺利。先后被很多家出版社、出版公司相中，却因为种种原因又被放弃，甚至接到过“马上就可以签合同出版了”的电话，后来却莫名地不了了之，以至于最后也在想，干脆作为写给自己一个人看的书好了，真真是放弃了。但最后这颗珍珠（嘻嘻）还是被中国青年出版社捡起了。擦去尘土，依然闪闪发亮。

也是因为这个机缘，开始尝试着做手绘。李茹老师跟我说“这本书可以搭配插画的形式，不一定是照片”，我还在想要找谁来帮我画图。先是想到了一个好朋友，但她画给我的图不太符合自己想要的那种感觉。后来联系了一位知名绘本作家，但他的公司委婉地拒绝了我。最后没办法，赶鸭子上架，买回来一台扫描仪，开始自己动手画起来。一张白纸，一支笔，没想到，画出来勉勉强强也还可以用。

另外说说去台湾的经历吧。说起来，真是很幸运的事情。我的学校（山东大学威海校区）在我念大一的时候，跟台湾的暨南大学签订了学生交换协议。暨大给了我们全校十个名额，没想到经常被冷落的社工系也分到一个。可是全系好几百个学生，比我优秀的比比皆是，怎么可能选上我呢？心里没有抱任何希望。但奇怪的是，我当时居然还是去报名了。报名之后，便是一个多月没有任何音讯，我也几乎要忘了这件事。直到有一天早晨，我在烟台机场等着飞往上海的航班时，接到学习委员的电话，让我马上填写一份去暨大交换的申请表。当时心里依然不当回事，于是拜托学习委员帮我填一填。没想到从上海回来后，居然接到通知，自己入选了……原来，因为是第一次有去暨大交换的机会，很多学生不敢尝试，全校竟然就只有十个学生报名。

于是我入选了。

而从第二次开始，每次几乎都有上百名学生报名，而名额依然只有十个。如果那时我再申请，我想就没有后来发生的故事了。

很多事情就是这么不可思议。

在台湾的时候，因为自己好玩的个性，周末几乎都是拿着打工挣得的一点点钱，坐着火车四处旅行。从台湾回来之后，我将我在台湾的旅行整理成了一本《火车环岛·台湾自由行》，又刚好赶上北京、上海、厦门三座城市开放台湾自由行，于是书很顺利地出版了。后来开放台湾自由行的城市越来越多，又出了一本不同角度的《台湾，越慢越美丽》。因为当初去台湾交换的经历，很意外地，走上了写作这条路。

怎么说呢，我就是一个超感性的人。好像很多事情不太会理性去思考，觉得“想去”“想尝试一下”，就这样下决定了。当初听到有去台湾交换的机会，心里想的也是“想去”“就是想去”，而完全没有想过“能不能适应”“会不会有危险”之类的问题，觉得一切都会船到桥头自然直。这样古怪的个性，带给了我一些很意料之外的经历。不过回想起来，几乎都是美好的经历。

最后再说说台湾。我不能说台湾什么都好，但台湾确实有很多让人喜欢的东西，比如便利的交通，随处可见的便利店，还有温暖的人情味。当然也不是所有台湾人都很好，我也遇到过很冷漠的台湾人。但热情的台湾人是大多数。很乐观，很幽默，很善良。所以我总是愿意推荐朋友们去台湾走一走，台湾确实是一个让人喜欢的地方，让人想要一去再去。

谢谢你购买这本书！

小柚

（京）新登字083号

图书在版编目（CIP）数据

墙后面的人：小柚，游学去/小柚著．—北京：中国青年出版社，2014.1

ISBN 978-7-5153-2199-8

Ⅰ.①墙… Ⅱ.①小… Ⅲ.①游记—中国 Ⅳ.①K928.9

中国版本图书馆CIP数据核字（2013）第319754号

出版发行：中国青年出版社
社　　址：北京东四十二条21号
邮政编码：100708
网　　址：www.cyp.com.cn
编辑电话：(010) 57350508
责任编辑：李茹 liruice@263.net
营　　销：北京中青人出版物发行有限公司
电　　话：(010) 57350517　57350522　57350524
印　　刷：北京嘉业印刷厂
经　　销：新华书店

开　　本：880×1280　1/32
印　　张：7
字　　数：180千字
版　　次：2014年2月北京第1版第1次印刷
定　　价：25.00元

本图书如有印装质量问题，请与出版部联系调换
联系电话：(010) 57350526